Daisy Gräfin von Arnim

# Mit der Apfelgräfin durch das Jahr

Landleben damals & heute

Bibliografische Information der Deutschen Bibliothek
Die Deutsche Bibliothek verzeichnet diese Publikation in der Deutschen Nationalbibliografie;
detaillierte bibliografische Daten sind im Internet über http://dnb.ddb.de abrufbar.

2. Auflage 2015
ISBN 978-3-86827-389-2

© 2013 by Verlag der Francke-Buchhandlung GmbH
35037 Marburg an der Lahn
Gestaltung: Christian Heinritz
Cover: Christian Heinritz

*Bildnachweise*:
**Michael v. Arnim:** 16, 18, 36, 38, 86, 92, 100/101, 122/123, 124, 125;
**Daisy v. Arnim:** 28, 43, 58, 96, 97, 109, 114, 116, 137, 173;
**Privat:** 9, 10, 19, 20, 22, 33, 34, 35, 40, 42, 44, 45, 48, 49, 56/57, 59, 64, 76, 77, 78, 89, 90, 99, 102, 103, 115, 121, 129, 130, 132, 156, 159, 169;
**Claudia v. Boch:** 111;    **Adelheid Christopeit:** 24, 25, 46, 61, 63, 112, 139, 141, 147, 154, 170, 171, 173;
**Elisabeth Eberle:** 52, 94, 95, 118, 120, 144, 145;    **Beatrice Kühnke:** 36, 60, 69, 70, 71, 73, 79, 80, 117, 128, 138, 140, 142, 152/153;
**Achim Naumann:** 4/5, 134/135, 166/167;    **Frank Preuß:** 12/13, 29, 30/31, 41, 55, 66/67, 87, 136, 148;
**Sabine Szybalski:** 26, 32, 54, 61, 98, 151;    **ullstein bild - BILD der FRAU/dirk eisermann:** 104, 107;    **Frank Vincentz:** 23;
**Manuela Werner:** 74, 127;

www.dreamstime.com: 1, 2, 3, 6/7, 14, 50, 51, 53, 62, 64, 75, 82, 83, 85, 91, 168, 172, 174;    www.iStockphoto.com: 17;
www.shutterstock.com: 39, 47, 126;

Satz: Verlag der Francke-Buchhandlung GmbH / Christian Heinritz
Printed in Czech Republic

www.francke-buch.de

Für Matthias Schmöcker,
Pastor der Christus Mission Uckermark (Prenzlau)
und seine Frau Gabi in großer Dankbarkeit.

Ohne ihre Predigten, die immer wieder auf Jesus hin-
weisen, ihre Gebete und ermutigende Treue wären
unser Betrieb, unser Leben und unser Wirken in der
Uckermark nicht so, wie sie sind.

# Inhalt

*Abendstimmung bei Fergitz am Oberuckersee*

# Vorwort

# Frühjahr, Sommer, Herbst und Winter –

kaum etwas im Leben ist so sicher wie dieser beständig wiederkehrende Wechsel der Jahreszeiten. Die Jahreszeiten geben unserem Leben einen Rhythmus, eine Struktur. Jeder von uns ist davon betroffen, der eine mehr, der andere weniger, je nach Lebenssituation.

Manch einer hat vielleicht eine Lieblingsjahreszeit und viele sehnen nach einem langen Winter den Frühling herbei, aber die meisten sind sich doch darin einig, dass der Wechsel der Jahreszeiten durchaus sein Gutes hat. Er garantiert, dass das Leben nicht langweilig wird, und gibt gleichzeitig die wiederkehrende Ordnung, Sicherheit und Stabilität, so wie jeder Nacht ein neuer Morgen folgt.

Seitdem ich in der Uckermark lebe, nehme ich die Natur und den Wandel der Jahreszeiten viel stärker wahr als vorher. Dabei drängt sich mir immer mehr der Verdacht auf, dass diese von Gott erdachten, beständig wechselnden Jahreszeiten einen größeren Sinn haben, auch im Hinblick auf unser Leben. Denn eine Ordnung und konstante, wiederkehrende Rituale geben uns Menschen nicht nur eine äußere Stabilität und Sicherheit, sondern auch unserer Seele Halt.

Doch wie und womit füllen wir diese Zeiten möglichst bewusst?

Im Zusammenhang mit dieser Frage hat mich schon immer interessiert, wie die Menschen früher ihr Leben gestaltet haben. Geschichten von „damals" habe ich bereits von meiner Mutter aufgesogen wie ein Schwamm. Die Ordnung, durch die ein Jahr festgelegt war, faszinierte mich immer wieder aufs Neue und die Art, wie die Menschen zwei, drei Generationen vor mir beispielsweise ohne Strom überhaupt klarkamen, fand ich überaus spannend.

Für uns heute ist das unvorstellbar. Auch bei uns in Lichtenhain bricht das Stromnetz manchmal für eine halbe Stunde zusammen und dann kommt unsere Buchhalterin Frau Lehmann zu mir und wir wissen beide kaum, was wir machen sollen – so ganz ohne Computer und Telefon.

Zum Glück gibt es (dann hoffentlich aufgeladene) Handys. Wütende Anrufe gehen an die Stromversorgung, es geht schließlich heute kaum noch etwas ohne Elektrizität. Und wehe, das Wasser funktioniert mal nicht! Das ist vor allem dann besonders nett, wenn sämtliche unserer Ferienwohnungen belegt sind …

Immer wieder habe ich meine Mutter gefragt, wie denn ein Jahreslauf bei ihr früher aussah. Ich wollte mich davon inspirieren lassen, von ihr lernen – denn letztlich sehnte ich mich danach, „richtig" zu leben. Ich glaube, dass das ein zutiefst menschliches Bedürfnis ist.

Niemand hat es so schön beschrieben wie David in Psalm 119, wo es heißt: „Meine Seele verzehrt sich vor Verlangen nach deinen Ordnungen allezeit" und „Öffne mir die Augen, dass ich sehe die Wunder an deinem Gesetz" oder in Psalm 101,2, wo er verkündet: „Ich will darauf achten, ein vorbildliches Leben zu führen." Was für ein Ziel! Dafür braucht es wirklich Gottes Hilfe.

*Katharina von Bernuth*

Die Großmutter meines Mannes – Katharina von Bernuth, geborene von Arnim – hat einen typischen Jahresverlauf ihrer Mutter Bertha um 1920 aufge-schrieben. Dieses Kapitel in ihrem Buch „Rückbli-cke auf ein langes Leben" (1996, Selbstverlag) habe ich oft gelesen und es fasziniert mich so sehr, dass ich ihren Jahresablauf und besonders den ihrer Mut-ter Bertha zum Anlass nehmen möchte, über das Le-ben früher und heute auf dem Land nachzudenken.

Bertha von Arnim, die Urgroßmutter meines Man-nes, wurde 1883 in Züsedom im heutigen Landkreis Vorpommern-Greifswald geboren und heiratete 1903 ihren entfernten Verwandten Hans-Detlev von

Arnim. Im Jahr darauf zog das junge Paar auf das Familiengut nach Kröchlendorff, das inzwischen in Detlevs Besitz übergegangen war.

Kröchlendorff liegt durch den Wald nur einige Kilometer von Lichtenhain entfernt und ist das Elternhaus der Großmutter meines Mannes mütterlicherseits. Er ist also mütterlicher- und väterlicherseits arnimscher Abstammung.

Als Bertha und Detlev nach Kröchlendorff zogen, erwies sich Bertha schnell als großes Organisationstalent, das eine wahre Bereicherung für das Gut darstellte. Sie baute nicht nur eine große Geflügelzucht auf und hielt in Kröchlendorff Geflügelzüchtertage ab, die genau wie ihre Veröffentlichungen in Fachzeitschriften weit über die Grenzen der Mark Brandenburg hinaus bekannt waren, sondern züchtete unter anderem auch Bienen, Schafe und Pilze. Die Eier, das Geflügel, den Honig, den Schafskäse und die Champignons verkaufte sie allwöchentlich auf dem Wochenmarkt in Prenzlau oder per Post an wohlhabende Berliner.

*Schloss Kröchlendorff um 1850*

*Schloss Kröchlendorff um 1920*

Wie ihre Tochter Katharina in ihren Erinnerungen festhielt, kreisten Berthas Gedanken unermüdlich um Möglichkeiten, was sich aus den gegebenen Mitteln des Landlebens machen ließe. Und sie bewies darin eine beeindruckende Kreativität, die ich als ungeheuer inspirierend empfinde. Wie gerne hätte ich sie kennengelernt. Wie also hat eine Frau vor 100 Jahren auf dem Land gewirtschaftet und wie ist das heute hier in Lichtenhain? Wie hat sie den Wechsel der Jahreszeiten empfunden, wie hat sie ihr Leben gestaltet, und wie sieht das heute bei mir aus?

Kommen Sie mit mir auf eine Reise in die Vergangenheit und damit auch in die Zukunft. Die Welt heute überfordert uns in vielem. Bücher und Zeitschriften über Landleben sprießen wie Pilze aus dem Boden der Sehnsucht nach einer Welt, die angeblich heiler war.

Aber war sie das wirklich?
Oder kommt es in erster Linie darauf an, wie man sein Leben gestaltet?

*Schloss Kröchlendorff heute*

*Am Uckersee*

# Jahresanfang

# Ein neues Buch, ein neues Jahr

Ein neues Buch, ein neues Jahr,

Was werden die Tage bringen?!

Wird's werden, wie es immer war,

Halb scheitern, halb gelingen?

Ich möchte leben, bis all dies Glühn

Rücklässt einen leuchtenden Funken.

Und nicht vergeht, wie die Flamm' im Kamin,

Die eben zu Asche gesunken.

Theodor Fontane

# Der Same schlummert schon

So fängt also ein Jahr an, grau, kalt und irgendwie leblos. Doch im Boden meines Herzens schlummert genauso wie im Ackerboden schon die Saat für das kommende Jahr. Ist denn auch genug ausgesät worden und was habe ich überhaupt ausgesät? Manchmal lohnt sich der Blick zurück, um zu sehen, was man schon alles gepflügt hat. „Weitermachen", sagt ein guter Bekannter von mir manchmal nach einer abgeschlossenen Arbeit, „weitermachen." Viele Stadtmenschen in den Büros und Firmen haben gut aufgestellte Jahrespläne. Der von Wind und Wetter abhängige Landmensch ist von den Jahreszeiten bestimmt.

Bei uns in der Uckermark sind die ersten beiden Monate des Jahres sehr einsam. In der Winterzeit verirrt sich kaum ein Tourist hierher, die Berliner bleiben an den Wochenenden lieber in der Stadt. Wenn ich mit dem Auto unterwegs bin, begegnet mir häufig keine Menschenseele. Weit und breit ist kein anderes Fahrzeug zu sehen, geschweige denn ein Fußgänger. Alles ist wie ausgestorben. Allein fahre ich über die Landstraßen und freue mich wie ein Kind über jedes Reh, das sich in die Nähe der Straße verirrt, über jeden Hasen, der über die verschneiten Felder hoppelt, über jedes Anzeichen von Leben. In dieser Zeit höre ich sogar gern den Verkehrsfunk im Radio. Und wenn ich dann vom Stau beim Hermsdorfer Kreuz höre, denke ich: Wie herrlich, das wäre doch schön, – mal wieder ein richtiger Stau auf überfüllten Straßen! Man muss aufpassen, dass einem die Einsamkeit hier nicht aufs Gemüt schlägt. Gerade nach dem Weihnachtsgeschäft, das jedes Jahr von Trubel und Hektik geprägt ist.

In gewisser Weise herrscht hier im Januar also wirklich „tote Hose" und alle warten inständig darauf, dass „die Saison" wieder beginnt. Ich habe mir irgendwann gesagt, dass das doch nicht alles sein kann. Irgendetwas muss sich doch auch in dieser Zeit auf die Beine stellen lassen. Inzwischen fahre ich im Januar immer zu Verkaufsveranstaltungen in die Großstädte und habe dadurch meistens auch in dieser Zeit für alle Mitarbeiter genug Arbeit. Außerdem plane ich das Jahr.

Ohne Plan geht leider gar nichts mehr. Es wird geplant, wie viele Mitarbeiter wann da sind, bei welchen Veranstaltungen wir mit einem Stand vertreten sein wollen, welche neuen Maschinen wir benötigen, was am Haus neu gebaut werden kann und vieles mehr. Gedanklich spiele ich das ganze Jahr schon einmal durch.

Früher lagen die Arbeiten „zu jeder Jahreszeit, ja in jedem Monat" fest, so erinnerte sich Katharina. Sie ergaben sich „aus der Notwendigkeit, Vorräte zu bergen, zu pflegen und zu bewahren". Durch die moderne Vorratshaltung und das meist bequeme Einkaufen in Geschäften, in denen es alles im Überfluss gibt, haben wir dieses Problem heute nicht mehr. Unser Vorrat muss anders angelegt und erarbeitet werden, und zwar in Form von Geld. Doch auch das will geplant sein. Wie sehr, ist mir erst klar geworden, seitdem ich nicht nur für mein eigenes Auskommen, sondern auch für das meiner Mitarbeiter die Verantwortung trage.

Seitdem ich den Januar bewusster gestalte, hat er viel von seiner Eintönigkeit verloren. Und im Rückblick erkenne ich: Es ist wie so häufig im Leben. Die Zeiten, in denen anscheinend alles dürr

*Der winterliche Vorgarten von Haus Lichtenhain*                     *Der Apfelweg bei Haus Lichtenhain*

und trocken ist, die wir als wachstumslos ansehen, sind oft genau die Zeiten, die im Nachhinein die kostbarsten sind. Jede Jahreszeit im Leben hat etwas Gutes. Und wenn mir an einem dieser grauen Januar- oder Februartage lauter griesgrämige, unglücklich dreinblickende Gesichter entgegenkommen, so weiß ich doch: Der Same für die Ernte ist schon gelegt und ein schöner, sonniger Sommertag wird wiederkommen. Es ist wie bei einer Schwangerschaft: Zuerst sieht man nichts, aber doch ist bereits alles da.

Und natürlich haben die ersten Monate des Jahres auch ihre schönen Seiten. Wenn alles unter einer weißen Schneedecke verschwindet, wenn Eiszapfen die Äste und Regenrinnen verzieren, wenn die vielen Seen zugefroren sind, dann sieht das einfach atemberaubend schön aus. Man muss sich nur darauf einlassen. Manche der Männer hier gehen zum Eisfischen auf den Suckowsee, der am Ende unseres Apfelweges liegt, hinter dem Haus im Wald. Einige Kinder spielen mit ihren Schlitten. So ist das heute und so ähnlich war das auch zu Berthas und Katharinas Zeiten. Auch damals bestand das Leben schon sowohl aus Arbeit als auch aus Vergnügen.

*Eisangeln*

*Im Garten von Haus Lichtenhain*

### Die Freuden des Januar

*Wenn der See zugefroren war, wurde durch künstlich offen gehaltene Stellen Eisfischerei betrieben. Im Winter 1927/1928 z. B. war das Eis so klar und ohne Luftblasen oder Trübungen gefroren, daß wir uns auf den Bauch legten und die Algen und Pflanzen unten durch das Eis erkennen konnten. Unser Vater fuhr sogar mit dem großen offenen Mercedes auf dem See spazieren und wir saßen, wenn auch etwas bänglich-glücklich, sprungbereit hinten drin.*

*So habe ich schon mit den Freuden des Januar begonnen. Wildjagden bei tiefem Schnee und bitterer Kälte, die einen besonders anfiel, wenn man bei den Waldtreiben völlig unbeweglich zu stehen hatte und sich nicht rühren durfte, damit das Wild durch keine Bewegung aufmerksam wurde. Still stehen wie ein gewachsener Baum, obwohl die Zehen und Finger schon brannten vor Kälte! Und dann fiel irgendwo der erste Schuß, man hörte Rufe, lauschte auf leises Knacken nahe bei und ich hatte oft das große Glück, Zeuge zu sein, wie dem Schützen, dessen Begleiter man war, plötzlich Sauen oder Rotwild vor die Büchse kam und der laute Büchsenknall fast wie eine Befreiung nach dem langen, kalten Warten wirkte. Zurufe, weiter drüben noch mehrere*

*Rebhühner im Park von Schloss Kröchlendorff um 1920*

Schüsse, Treiben vorbei, auf der Strecke zwei Sauen und ein Stück Kahlwild. Erregtes Schildern und Berichten über zurückgehende Sauen, Begutachten der Einschüsse bei dem erlegten Wild – und weiter zum nächsten Treiben auf die Wagen!

Oder die letzten Hasenjagden: Kesseltreiben auf gefrorenem Sturzacker, die jüngsten Schützen hatten immer die weitesten Strecken zu laufen; immer nach 8-10 Treibern ein Schütze, bis sich der Kreis geschlossen hatte. Dann das Jagdsignal und der Kessel setzte sich langsam der Mitte zu in Bewegung. Oft war es ein dunstiger Januartag, so daß die Sicht nicht weit war. Da war dann zum Schluß beim Schießen Vorsicht geboten. Drei Kessel etwa, dann erwartete meine Mutter mit helfenden Haustöchtern die Jagdgäste an geschützter Stelle mit köstlicher Erbsensuppe, die dampfend aus großen Thermosbehältern verteilt wurde. Kurze Erläuterungen des Jagdherren, ein klarer Schnaps, dann gings weiter. Gegen 16 Uhr strömten alle in froher Erwartung eines gemütlichen Jagdvespers in die Halle unseres Elternhauses. Eine lange Tafel, Berge von Berliner Pfannkuchen und Weihnachtsstollen, heißer Tee, Kerzenschein. Fröhliche Unterhaltung, Gelächter, Entspannung nach anstrengendem Tag. Abends war das Jagdessen mit den nachgekomme-

Jagdglück

*nen Damen, bis dahin Ruhepause in den Gastzimmern, wo für jeden der Jagdgäste ein frisch bezogenes Bett bereitstand. Abends in Frack und Abendkleid Essen im Saal. Diener und Chauffeure aus der Nachbarschaft halfen oft beim Servieren.*

### Die Pflichten des Januar

*Das waren die gesellschaftlichen Treffpunkte. Aber es gab auch eine ganz andere Januar-Arbeit zu verrichten: Das Feder-Reißen! Auf dem Gut selbst wurden keine Gänse aufgezogen, denn nach alter Regel hatten die Gutsarbeiterfamilien für ihre Gänsehaltung freie Weide auf Grünflächen und später Stoppelfeldern und hatten dafür jede zehnte Gans im Herbst an das Gut abzuliefern. Das waren dann oft zwischen 15 und 20 Gänse, die zur Mast eingesperrt wurden. Vierzehn Tage Mohrrübenfutter, vierzehn Tage Hafer und Mohrrüben gemischt und vierzehn Tage nur Hafer: dann war Schlachttag. Die Federn wurden beim Rupfen getrennt in Daunen, Halbdaunen und Federn, deren Mittelrippe entfernt werden mußte. Das war eben das Federnschleißen. Eine mühevolle Arbeit. Aber sie war beliebt bei den Dorffrauen, denn sie kamen alle zusammen in einen großen Raum im Souterrain meines Elternhauses, saßen im Kreise, die*

*Gänserupfen*

Haare versteckt unter Kopftüchern und über der warmen Kleidung möglichst eine baumwollene Kittelschürze, denn alles saß zum Schluß voller winziger Federchen, und selbst die Augenwimpern sahen wie bereift aus. Bei aller flinken Hände Arbeit stand das Mundwerk nicht still. Um der Gemeinsamkeit willen waren die Abende so beliebt, und wenn nach zwei bis drei Abenden die Arbeit erledigt war, gab es Kaffee und Kuchen.

### Das Eisfahren – unverzichtbar im Februar

Im Februar war das Eisfahren noch eine wichtige Begebenheit für die kommenden Monate. Mit dem elektrischen Strom kamen natürlich langsam auch Kühlschränke und sogar Kühlkammern auf dem Lande auf, aber davor und auch noch lange Zeit parallel dazu spielte die Beschaffung des natürlichen Eisvorrates eine wichtige Rolle. Die Winter waren ja früher kälter als heute hier im Westen. Man konnte fast regelmäßig damit rechnen, im Februar die notwendigen vierzig Fuhren Eis in den Eiskeller zu fahren. Auf den Feldern gab es kleine saubere Naturteiche, aus denen bei starker anhaltender Kälte die Eisblöcke mit großen Sägen geschnitten wurden, um in den Eiskeller im Park vermittels einer Rutsche entladen zu werden. Der Eiskeller war bei uns ein achteckiger Pavillon mit dickem Rieddach. Aus groben Bohlen bestand seine Abdeckung.

Tief verschneit: Schloss Kröchlendorff um 1920

Die Tiefe darunter konnte ich nie ermessen – für mich war sie schaurig! Der Grund der Tiefe wird aus einer losen Kiesschicht bestanden haben, wodurch das Tauwasser abfließen konnte. An der Decke des ganzen Pavillons war ein Flaschenzug befestigt, an ihm hing ein großer Eisenkranz mit scharfen Haken. Daran wurde das erlegte Großwild gehängt und konnte durch den Flaschenzug herabgelassen werden bis unmittelbar auf das Eis. So hielt sich der Wildvorrat unbeschadet lange Zeit, bis Stück für Stück heraufgeholt wurde, um aufzutauen und aus der Decke geschlagen zu werden. (…)

Für den täglichen Eisbedarf des Hauses war es Aufgabe des Nachtwächters, in aller sommerlichen Morgenkühle gegen 4 Uhr auf langer Leiter hinabzusteigen, zwei Eimer mit Eisstücken zu füllen, um sie mit nassen Säcken abgedeckt in den tiefen Schatten einer Turmnische in der Nähe der Küchentür zu stellen, wo sie als erstes vom Küchenmädchen morgens hereingeholt wurden, um auf beide Eisschränke verteilt zu werden. Das waren breite, tischhohe Schränke mit Weißblech ausgekleidet. Sie hatten in der Mitte – von oben zu füllen – das Fach für das Eis, und rechts und links Türen zu den Fächern, in denen die Lebensmittel gekühlt aufbewahrt wurden. Da das Eis naturgemäß im Laufe des Tages schmolz, war unten am Eisfach ein Hahn angebracht, unter dem ein Eimer stand, so konnte immer wieder das Tauwasser abgelassen werden.

Eisschrank um 1900

*Ein Prinzenapfelbaum am Apfelweg*

# Februar ist Ruhezeit

Einen natürlichen Eisvorrat müssen wir heute glücklicherweise nicht mehr anlegen. Dank moderner Technik ist die Kühlung der Lebensmittel auch ohne unser Zutun das ganze Jahr über sichergestellt, und so haben mein Mann Michael und ich im Februar Zeit, in den Urlaub zu fahren. Vor einigen Jahren haben wir damit begonnen und inzwischen ist daraus fast eine Tradition geworden. Denn wir merken, wie wichtig es ist, sich wenigstens einmal im Jahr eine Auszeit zu gönnen. Früher haben wir oft ohne Pause durchgepowert, doch das zehrte an den Kräften. Man braucht einfach Phasen, in denen es auch mal etwas ruhiger ist und die Gedanken klar werden können. Deshalb halten wir uns den Februar mittlerweile ganz bewusst frei, um Kraft zu tanken für das neue Jahr.

Konkret sieht das so aus, dass wir irgendwohin verreisen – zuletzt waren wir beispielsweise im Schwarzwald und auf Rügen – und vor allem viel schlafen. Außerdem machen wir lange Spaziergänge und genießen es, einfach zusammen zu sein. Denn in unserem turbulenten Alltag kommt das manchmal zu kurz. Oft ergeben sich lange Gespräche und wir lernen ganz neu, einander wirklich zuzuhören und besser aufeinander zu hören. Der Urlaub ist also in gewisser Weise auch eine Auszeit zu zweit.

*Im Garten von Lichtenhain*

# Auszeiten nutzen – auf den anderen achten

Ich sage gern, dass mein Mann meine beste Freundin ist. Das bringt viele zum Schmunzeln, aber ich denke, es ist klar, was ich damit zum Ausdruck bringen möchte. Der besten Freundin vertraut man alles an. Man teilt mit ihr seine Erfolge und seine Misserfolge, erzählt ihr von schwierigen Erlebnissen genauso wie von geheimen Gedanken, lässt sie am eigenen Alltag teilhaben, bittet sie um Rat, gestattet ihr, einem auch mal die Meinung zu sagen, bezieht sie in alles offen ein. Niemand sonst ist einem so nahe und kennt einen so gut wie die beste Freundin. Doch wo bleibt da der Ehepartner?

Mir ist es wichtig, dass Michael meine wichtigste Bezugsperson ist. Ihm will ich anvertrauen, was mich in meinem tiefsten Inneren bewegt, mit ihm will ich meine Träume, meine Hoffnungen und meine Ängste sowie die banalen Aufreger des Alltags teilen. Natürlich habe auch ich sehr gute Freundinnen, die ich keinesfalls missen möchte, aber meine „beste Freundin" ist tatsächlich mein Mann. Allerdings muss ich ihn auch dazu machen wollen. Dafür sind zum einen solche bewussten Auszeiten wie der Urlaub im Februar wichtig, in denen ich Michael ganz neu

*Das Ehepaar von Arnim*

ins Vertrauen ziehe, aber zum anderen ist es noch viel wichtiger, das im Alltag zu leben. Und notfalls muss ich meinen Mann manchmal auch daran erinnern, dass er mir zuhören muss, wenn er wirklich mein Vertrauter sein will. Glücklicherweise ist er ein sehr guter Zuhörer.

## Gemeinsam unterwegs sein

Ich habe die Erfahrung gemacht, dass fast genauso wichtig wie die Vertrautheit zwischen den Ehepartnern die Einigkeit über Entscheidungen ist. Den anderen in die eigenen Überlegungen mit einzubeziehen, ist in einer Ehe von großer Bedeutung. Denn wenn grundlegende Entscheidungen über den Kopf des Partners hinweg oder gar gegen seinen Willen getroffen werden, wirkt sich das langfristig auf eine Ehe aus. Dass Michael von Anfang an voll hinter mir stand, was die Gründung meines Apfelunternehmens anging, erlebe ich bis heute als großes Geschenk und die einzige vernünftige Ausgangsbasis. Wenn er nicht damit einverstanden gewesen wäre (und bei einigen meiner vorherigen Geschäftsideen war er das tatsächlich nicht), wäre heute jeder geschäftliche Termin, jede berufliche Verpflichtung eine potenzielle Streitquelle. So aber war es eine gemeinsame Entscheidung, die mich dazu gebracht hat, den Weg in die Selbständigkeit zu wagen, – hier an diesem Ort, wo scheinbar nichts ist, aber dann doch wieder so viel ...

Es sind jedoch nicht nur die grundlegenden oder weitreichenden Entscheidungen, die wir gemeinsam treffen. Michael und ich stimmen uns auch bei kleineren Angelegenheiten wie zum Beispiel dem Kauf eines Möbelstückes für eine unserer Ferienwohnungen ab, bevor eine Entscheidung fällt. Denn Friede und Einigkeit sind uns äußerst wichtig. Auch in dieser Hinsicht ist es schön, dass wir in unserem Urlaub die Zeit haben, detaillierter als sonst über anstehende Entscheidungen zu sprechen und einander unsere Haltung zu diesem oder jenem Thema ausführlicher darzulegen. Das fördert unser Verständnis füreinander und macht die Position des anderen nachvollziehbar. Weder Michael noch ich möchten unseren Februarurlaub missen. Wir merken im Alltag, wie lange wir davon zehren. Und wie gut uns diese Auszeit einmal im Jahr tut.

Unser Haus wissen wir in der Zeit unserer Abwesenheit übrigens in guten Händen. Wir haben sehr nette Haushüter, die gern auch etwas zum Apfelgeschäft beisteuern. Im Februar 2013 waren u.a. drei Schwestern aus dem Diakonissen-Mutterhaus Altvandsburg in Lemförde bei uns in Lichtenhain und haben neben dem Hüten des Hauses auch die Herstellung der Dekoäpfel übernommen, mit denen wir viele Produkte verzieren. Gemeinschaftlich saßen sie in einer unserer Ferienwohnungen am Tisch und klebten Stiel, Blatt und ein Stückchen Draht an die Holzäpfel. In ihrer Tracht weithin als Frauen des Glaubens erkennbar, sind sie für viele Uckermärker ein ungewöhnlicher Anblick, der schöne Gespräche in Gang bringt. Und genau das brauchen wir hier in der Uckermark. In den eher tristen Monaten Januar und Februar noch mehr als zu jeder anderen Jahreszeit. Die Diakonissen verbreiten allein durch ihre Anwesenheit so viel Freude und Liebe, dass ich mich jedes Mal darauf freue, wenn ich sie wieder willkommen heißen darf. Unsere guten gemeinsamen Gespräche und Gebete und das köstliche Mittagessen, das sie uns manchmal kochen, sind eine richtige Wohltat.

Oft wünsche ich mir, dass wir in der Uckermark viel mehr Diakonissen hätten ...

*Sr. Helga Naumann, Sr. Heidemarie Jäckel und Sr. Gertrud Immohr*

*Klosterruine der Zisterzienserinnen*
*in Boitzenburg*

Bei Berkholz/Uckermark

# Frühjahr

# Frühjahrsputz

Der März ist der Monat des Aufbruchs. Alle scheinen in den Startlöchern zu stehen, um endlich wieder etwas zu schaffen.

Bei mir zu Hause gibt es eine Menge zu putzen. So habe ich zum Beispiel einen großen Flur. Michael kam schon einmal auf den Gedanken, ob er mir nicht vielleicht so einen Staubsaugerroboter schenken sollte. Bisher haben wir diese Idee aber noch nicht umgesetzt.

Früher, als Michaels Großmutter Katharina von Arnim noch klein war, ging es natürlich ganz anders zu. In dem großen Gutshaushalt in Kröchlendorff waren viele Leute am Werk, um das Haus sauber zu halten.

*Frühlingsschmuck in Haus Lichtenhain*

So ein Gutshaushalt war gegen einen heutigen ein richtiger Großbetrieb. Zu dem Haushalt unserer Eltern gehörten in den Jahren bis 1929 eine Wäschebeschließerin, zwei Hausmädchen, eine Köchin, ein Kochlehrling und ein Küchenmädchen. Unser treuer Diener Boldt sorgte für die tägliche Tafel, für das gesamte Silber (…)

In meiner Kindheit war Schmidt der zweite Diener, der die Kachelöfen am Morgen heizte, die Spiritus-Lampen putzte und nachfüllte, Schuhe putzte, das Holz für die Öfen heranbrachte und beim Bohnern der großen Parkettflächen half. Dazu war ein schwerer Bohnerkasten von 80 cm im Quadrat aus Holz vorhanden, dessen untere Fläche mit Bohnerborsten „bestückt" war. Für mich war es ein Vergnügen, in diesen offenen Kasten zu steigen und mich beim Bohnern hin- und herziehen und -schieben zu lassen.

Dazu sang Schmidt: „Puppchen, du bist mein Augenstern …!"

Katharina von Arnim 1915

Ich erinnere mich daran, dass auch das Linoleum in der Küche meiner Mutter noch jeden Samstag mit dem Bohnerbesen gebohnert wurde. Dafür kaufte sie mehrere Tuben Bohnerwachs und nachher war der ganze Boden auf Hochglanz poliert.

Als die kleine Katharina von Arnim älter wurde, war es mit dem Fahren auf dem Bohnerkasten natürlich vorbei. Dann musste sie selbst mit Hand anlegen. Ihre Mutter trug ihr verschiedene Arbeiten im Haus auf, die sie erledigen sollte. Sie durfte ja nicht wie ihre Brüder eine höhere Ausbildung machen. Das Leben damals war nicht einfach für die Mädchen einer Familie, schon früh wurde viel von ihnen erwartet.

Aber Katharinas Eltern waren, was gute Hilfsmittel für den Haushalt angeht, sehr fortschrittlich und auf dem neuesten Stand ihrer Zeit. So kauften sie bereits 1921, kurz nachdem das Familiengut Strom bekommen hatte, eine große elektrische Waschmaschine und zwei Schleudern! Außerdem wurde ein großer Trockenschrank angeschafft, in dem Laken und Tischtücher aufgehängt und durch eine Holzfeuerung getrocknet wurden.

*Holztransport mit „modernsten Mitteln" um 1930*

Was für Katharina und ihre Mutter Bertha in den frühen Zwanzigerjahren eine absolute Revolution in Form einer Waschmaschine oder eines Trockenschranks waren, war für mich als Kind in den Sechziger- und Siebzigerjahren der Geschirrspüler und das Fernsehen. Was war das für ein Fest, wenn wir vor den Nachrichten damals das Sandmännchen und Ähnliches schauen durften und später dann natürlich andere Sendungen wie die „Bezaubernde Jeannie", „Raumschiff Enterprise", „Bugs Bunny" und, besonders geliebt, „Unsere kleine Farm" und „Die Waltons"!

*Daisy von Arnim: Glückliche Kindheit in Sagerheide, Wangerooge und anderswo*

# Die Seele auslüften

Ich finde nicht nur den äußeren Frühjahrsputz wichtig, sondern auch eine Art „inneren" Frühjahrsputz: So, wie sich Staub auf meinen Möbeln oder Spinnweben in den Zimmerecken angesammelt haben, hat sich auch in meiner Seele einiges angesammelt. Da möchte ich Gott „Staub wischen" und „aufräumen" lassen.

Wo will ich mich ändern?

Wo will ich zum Beispiel immer unter allen Umständen die Kontrolle behalten und denke, alles hängt allein von mir ab?

Ein gutes Mittel für den inneren Frühjahrsputz ist für mich immer mal wieder die Seelsorge. Ich treffe mich mit einer erfahrenen Seelsorgerin, die für mich betet und mit der ich offen reden kann. Die Seelsorge ist für mich eine tolle Möglichkeit zum „Aufräumen" und „Auslüften".

*So schön ist Haus Lichtenhain*

# Aussäen

Ich finde es spannend, dass uns äußere Umstände wie schlechtes oder gutes Wetter innerlich so beeinflussen können, wo wir doch eigentlich wissen, dass über den Wolken die Sonne scheint. Dass Gott immer da ist, im Sommer wie im Winter.

Das Frühjahr regt mich zum Beispiel auch dazu an, meinen Schöpfer zu fragen: „Was soll ich eigentlich an guter Saat aussäen? Was möchtest *du,* dass ich in all der Fülle der neuen Angebote und Möglichkeiten tun soll? Und was wäre bloß eine Ablenkung?"

Mir kommt dabei ein Vers aus der Bibel in den Sinn: „Befiehl dem Herrn deine Wege und hoffe auf ihn, er wird's wohlmachen" (Ps. 37,5).

Aber was sind *meine* Wege? Ich will doch schließlich nicht eines Tages „da oben" ankommen und hören, wie viel Zeit ich vor dem Fernseher vergeudet habe ... Habe ich die sich mir bietenden Gelegenheiten, im praktischen wie im übertragenen Sinn etwas Gutes auszusäen, genutzt? Wo hat Gott mich auf eine solche Gelegenheit aufmerksam gemacht und ich habe vielleicht die Augen verschlossen, weil es bequemer war? Wo habe ich etwas nicht ausgesät, obwohl die Samen quasi vor meinen Füßen lagen und ich sie nur hätte aufheben müssen? Samen in Form von Menschen, in Form von Gedanken, in Form von Angeboten und nicht zu vergessen diesen kostbaren Samen der Freiheit, den wir in unserem Land im Überfluss haben und nutzen dürfen.

Allein aus dem Gebet heraus, zum Beispiel mit der Fragestellung *Gott, was möchtest du, dass ich tun soll?*, werden sich mir gute Wege und das richtige Säen erschließen.

Der Pastor meiner Gemeinde sagte einmal: „Jedes Gebet ist ein Same, ein Same, der später aufgeht. Die Zeit bis zur Erfüllung des Gebets heißt Glaube."

*Heißersehnte Apfelblüte*

# Hoffnung bewahren

So, wie aus dem Samen eines Apfelbaums kein Birnbaum entstehen kann, so entsteht aus dem Samen des Gebets nicht Hoffnungslosigkeit, sondern neue Hoffnung. Meine Gebete werden früher oder später „aufgehen", sei es schon hier und jetzt oder in der Ewigkeit. Gott sammelt jede unserer Tränen, mit denen wir manchmal den Ackerboden unseres Lebens befeuchten.

Ein gut vorbereiteter, gepflügter und bewässerter Boden heißt *Hoffnung* und *Vertrauen*. Es gibt für Gott keine hoffnungslosen Situationen, doch wir Menschen verlieren oft die Hoffnung. Trotz der finanziellen und  sozialen Härten, mit denen viele Menschen hier in der Uckermark zu kämpfen haben – Hartz IV, Arbeitslosigkeit, Abwanderung in die alten Bundesländer – habe ich Hoffnung und Glauben für diese Gegend. Gott ist ja da und er verlässt die Menschen hier nicht. Und wo Hoffnung ist, entsteht neue Lebendigkeit.

Mein Fokus ist aber in erster Linie nicht die Not in mir oder um mich herum, sondern mein Schöpfer, der alles zum Guten wenden kann. Er ist treu und steht zu seinen Zusagen: „Haltet an dieser Hoffnung fest, zu der wir uns bekennen, und lasst euch durch nichts davon abbringen. Ihr könnt euch felsenfest auf sie verlassen, weil Gott sein Wort hält" (Hebr. 10, 23).

# Winterschäden beseitigen

Sobald im März der Boden abgetrocknet ist, wird also die Frühjahrssaat eingesät. Bei uns ist das (leider) zum Großteil Mais, oft für Biogasanlagen, manchmal aber auch Hafer und in den letzten Jahren immer mehr teure Neueinsaaten, wenn die Bestände durch Kahlfröste erfroren sind. Auch Raps ist eine bevorzugte Anbaufrucht und nimmt einen hohen Anteil an der Gesamtackerfläche ein. Damit der Raps gut gedeihen kann, sind die Witterungsumstände im Februar oder im März sehr wichtig.

Manchmal, wenn der Raps den Winter nicht überstanden hat, wie das in den vergangenen Jahren öfter passiert ist, riecht die Luft wie nach vergammeltem Gemüse. Um uns herum erstrecken sich ja viele Felder. In solchen Jahren leide ich mit den geschädigten Bauern mit.

So etwas kann aber nicht nur im landwirtschaftlichen Jahresablauf passieren, sondern auch in unserem eigenen Leben. Manches auf unserem Lebensacker ist vielleicht durch kalte und harte Zeiten erfroren. Da heißt es dann, wieder aufzustehen und „weiterzumachen". Das geht für mich nur mit Gottes Hilfe und Kraft.

Hohenreinkendorf

# Haus und Garten schmücken

Nach dem langen, harten Winter macht es richtig Freude, das Haus und den Garten frühlings-frisch zu schmücken. Im April erwachen wir endlich aus einer fast fünfmonatigen Starre und inselhaften Einsamkeit in die neue „Saison". Dann fahre ich zur alteingesessenen Gärtnerei Hauke nach Kröchlendorff und hole viele Stiefmütterchen und andere Pflanzen.

Immerhin haben wir rund um unser Haus unter anderem über 20 Blumenkästen zu bestücken, die ich in einer schönen Gemeinschaftsaktion mit meinen Mitarbeitern bepflanze.

Außerdem versuche ich hin und wieder auch etwas Ausgefallenes zu dekorieren.

Im Frühjahr 2013 habe ich unseren Eingang zum Beispiel mit Laubengeln auf Buchsbaumstä-ben geschmückt. Die Engel waren eine meiner ersten Geschäftsideen. Das war lange, bevor ich auf den Apfel kam. Schon im Juni fing ich an. Ich saß stundenlang auf der Treppe vor unserem Haus, nur um irgendetwas zu machen, und sägte diese Engel aus. Ich entwarf kleine Kataloge, schickte sie an alle mir damals einfallenden Menschen und saß dann immer wieder vor dem Faxgerät, aus dem ich die Bestellungen förmlich heraussog und -betete.

Es war schön und furchtbar. Irgendwann habe ich mich gefragt: „Warum dekorieren wir eigentlich nur zu Weihnachten Engel?" Und so haben wir uns überlegt, Frühlings-, Sommer-, Herbst- und Winterengel zu gestalten mit schönen Farben und Flatterbändern – es sieht fröhlich aus und sie schmücken inzwischen den noch etwas grauen Hofladeneingang. Die Schleifen flattern sehr schön im Wind und es ist ganz einfach nachzumachen. Man kann auch einen Weihnachtsbaumständer dafür umfunktionieren und ihn das ganze Jahr über benutzen.

Früher gab es natürlich noch viel mehr Hände, die bei der Gartengestaltung und Erhaltung eines so weitläufigen Anwesens wie in Kröchlendorff dauerhaft mithalfen. Die Vorfahren meines Mannes besaßen ein sogenanntes „Kalthaus", in dem die Pflanzen überwintern konnten und aus dem sie zu Beginn des Frühjahrs herausgeholt wurden.

*Im März und April vergingen die Tage auf
dem Lande schnell mit der Frühjahrsbestel-
lung auf dem Acker und im Garten. Unser
Gärtner wohnte in einem niedlichen alten
Fachwerkhäuschen nahe der Gärtnerei. Ihm
halfen zwei junge Burschen, die ihre Lehrzeit
im Gartenfach bei ihm absolvierten. Es gab
ein großes Kalthaus, in welchem die Grün-
pflanzen und Kübel überwintert wurden,
die im Sommer die breite Hallentreppe flan-
kierten. Daneben war ein kleines Treibhaus
für empfindliche Topfpflanzen angebaut und
eine große breite Maréchal-Nielrose an der
Decke. Eine Liebhaberei unseres Vaters waren außerdem die zwei aneinander gebauten
Gurkenhäuser. Damals kannte man ja nur
wenig Importgemüse, darum waren selbstge-
zogene Schlangengurken und hin und wieder
kleine Portionen grüner Bohnen schon im Mai
eine echte Delikatesse und früher Saisonge-
nuß. Heute fällt es jüngeren Menschen gewiß
schwer, sich vorzustellen, daß man Gemüse
eben nur bekam, wenn es im eigenen Lande
gereift war, aber darum war es auch viel aro-
matischer als z. B. die heutigen importierten
Tomaten. Erst im September reiften sie im
eigenen Garten und waren wirklich ein Hoch-
genuß! Die ersten Erdbeeren gab es fruhestens
Anfang Juni, aber mit welchem Geschmack!*

Gärtnerei mit Palmenhaus 1928

Gärtnerhaus

Gutsarbeiterhaus

Eiskeller

# Bienen, Hummeln und meine Apfelbäume

Mit meinen Apfelbäumen bin ich total abhängig von Hummeln und von Bienen. Wie sich die Monate März und April vom Wetter her entwickeln, ist für die Vorbereitung der Apfelblüte sehr wichtig. Vor einiger Zeit gab es ein Jahr, in dem es viel zu kalt war und die Bienen nicht geflogen sind. Sie haben die Apfelbäume nicht bestäubt und so hatten wir zur Erntezeit keinen einzigen Apfel, keinen Apfelsaft und auch keine Arbeit für die Menschen in unserem Umfeld.

Hummeln jedoch fliegen früher als die Bienen aus ihrem Bau und bestäuben die Apfelbäume auch an kühlen und feuchten Tagen. Sie können außerdem mehr Blüten bestäuben als die Bienen. Um ihnen zu helfen, sich bei uns einzunisten, bauen wir Hummelburgen aus Backsteinen. Wir müssen sie vor Spaziergängern versteckt aufbauen, da immer mal wieder Hummelburgen beschädigt werden. Manchmal fliegen die Hummeln und Bienen allerdings lieber in die nahe gelegenen Rapsfelder, die ebenfalls im April blühen, da der Raps reich an Nektar und Pollen ist. Dann werden unsere Apfelbäume leider links liegen gelassen. Es ist deshalb wichtig, dass ich mir immer wieder auch alternative Einkommensquellen erschließe, falls eine Apfelernte mal nicht so gut ausfällt.

Auch Bertha von Arnim, Katharinas Mutter, hatte früh erkannt, dass es wichtig ist, sich mehrere Einkommensquellen zu erschließen und Vorsorge getroffen. Sie besserte das Einkommen der Familie dadurch auf, dass sie zum Beispiel Kochkäse selbst zubereitete und ihn sowie selbst gezüchtete Champignons auf dem Markt in Prenzlau verkaufte. Außerdem hielt sie an die 80 Bienenvölker, die ihr zwischen zwei und zehn Zentner Honig im Jahr einbrachten. Was nicht zu Hause verzehrt oder verschenkt wurde, verkaufte sie an das Honig-Fachgeschäft Otto Nagel in Berlin. Bei der Gewinnung des Honigs aus den Honigwaben der Bienenstöcke halfen Katharina und ihre Geschwister mit. Das war gar nicht so leicht und mitunter recht schmerzhaft.

Vor allem waren aber auch die
vielen Bienenstöcke unserer Mutter
jetzt an der Reihe. Jeder einzelne
wurde kontrolliert und gesäubert
und unsere Mutter war mit Imker-
haube und Pfeife mit zugebunde-
nen Ärmeln und Trainingshosen
in den beiden Bienenpavillons in
der Gärtnerei fleißig an der Arbeit.
Wenn das Wetter für die Linden-
blüte günstig war, konnte schon
Anfang Juni zum ersten Mal Honig
geschleudert werden. Ein Ereignis,
das wir Kinder teils fürchteten, teils
des Wabenhonigs wegen herbei-
sehnten. Wir wurden nämlich beim
Schleudern angestellt. Während die
Gärtnerburschen die vollen Waben,
die unsere Mutter aus den Bienen-
stöcken nahm, in den schmalen
Spezialkästen zum Kalthaus trans-
portierten, standen wir dort, ebenso gut verkleidet, doch ohne Haube
und Pfeife, und hatten die Zellen
zu entdeckeln. Dazu fuhr man mit
einer breiten, vielzinkigen feinen
Gabel dicht unter die dünnen

Katharina
(die Kleinste
in der Mitte)
mit ihren
Geschwistern

Katharina
(wieder die Kleinste
in der Mitte)
mit Geschwistern

*Unbeschwerte Kindheit in
Kröchlendorff*

*Wachsdeckel, mit denen die Bienen
die kleinen sechseckigen Waben
verschlossen hatten, nachdem sie
die Honigernte darin untergebracht
hatten. Auch diese Wabenrähm-
chen zusammenzunageln, die flachen Wabenscheiben hineinfügen
und befestigen, war die alleinige
Winterarbeit unserer Mutter gewesen. Nun hatten die Bienen an die
flachen Wabenscheiben beiderseits
die Zellen gebaut, sie mit Honig
gefüllt und sie verdeckelt, und man
kam sich beinahe herzlos vor, ihnen
die Ernte ihrer vielfältigen Mühe
zu rauben. Gern ließen sie es auch
nicht zu. Obgleich jede Bewegung
betont ruhig ausgeführt wurde,
nach Möglichkeit auch ein kühler
Tag gewählt wurde, so waren die
Bienen doch oft recht stechlustig
und Hände und Gesicht bekamen
immer einige Stiche ab. Wir waren
am nächsten Tag manchmal so
verschwollen, daß wir kaum aus
den Augen gucken konnten und
unsere Handrücken prall und dick
wie Nadelkissen aussahen.*

# Frühlingsfrische Holunder-Apfel-Marmelade

12 Holunderblütendolden

1 l reiner Apfelsaft

2 EL Zitronensaft

1 kg Gelierzucker 1:1

Die abgewaschenen Holunderblüten über Nacht in den Apfelsaft hängen.

Am nächsten Tag den Apfelsaft abseihen und mit dem Zitronensaft und dem Gelierzucker aufkochen.

In Gläser füllen und einfach nur genießen.

*Manchmal sind die einfachsten Dinge die besten!*

# Apfel-Himbeer-Marmelade

*500 g säuerliche Äpfel*

*500 g Himbeeren, gefroren*

*500 g Gelierzucker 1:1 oder 1:2*

Die Äpfel schälen und raspeln.

Zusammen mit den Himbeeren und dem Zucker aufkochen und in vorbereitete Gläser füllen.

*Diese Marmelade schmeckt schön frisch und gibt schon einen Vorgeschmack auf den kommenden Sommer.*

# Dekoidee Frühlingszeit

## *Materialien:*

- ein Glasgefäß (Weckglas o. ä.), Höhe ca. 15cm

- Zweige unterschiedlicher Länge (15–35cm)
vom Obstbaumrückschnitt;
besonders dekorativ: Zweige von älteren Bäumen,
die mit Flechten besetzt sind

- ein paar Zweige Weidenkätzchen aus dem
eigenen Garten oder vom Floristen

- Efeublätter

- Rokokotulpen

- evtl. Daunenfedern und Eierschalen

- Heißklebepistole

- Blumenbindedraht

Die Zweige dicht an dicht von außen an das Glas kleben und zweimal fest mit Draht umwickeln.
Das Glas anschließend mit den Weidenkätzchenzweigen, Efeublättern und Tulpen füllen.
Zum Schluss eventuell mithilfe einer Klebepistole mit Daunenfedern und Eierschalen verzieren.

# Frühling

Nun ist er endlich kommen doch
In grünem Knospenschuh;
„Er kam, er kam ja immer noch"
Die Bäume nicken sich's zu.

Sie konnten ihn all erwarten kaum,
Nun treiben sie Schuß auf Schuß;
Im Garten der alte Apfelbaum,
Er sträubt sich, aber er muß.

Wohl zögert auch das alte Herz
Und atmet noch nicht frei,
Es bangt und sorgt: „Es ist erst März,
Und März ist noch nicht Mai."

O schüttle ab den schweren Traum
Und die lange Winterruh:
Es wagt es der alte Apfelbaum,
Herze, wag's auch du.

Theodor Fontane

*Straße nach Görlsdorf bei Angermünde*

# Ostern

# Ostertraditionen

Bei uns in der Uckermark werden oft schon in der Passionszeit, lange vor Ostern, bunte Ostereier an Sträuchern und Bäumen in den Gärten aufgehängt. Am Gründonnerstag dann ist das Entzünden des Osterfeuers ein großes Ereignis. Es hat mich anfangs erstaunt, dass hier offenbar der eigentliche Sinn des Osterfestes – die Auferstehung von Jesus Christus – kaum noch bekannt ist und dass Ostern eher auf diese äußeren Traditionen reduziert wird. Auch ich liebe es zwar, unser Haus und den Garten österlich zu schmücken, doch das tue ich erst am Ostersamstag, kurz vor dem Osterfest.

Jedes Jahr malen mein Mann Michael und ich, manchmal zusammen mit Kindern und Gästen, Ostereier an. Die ausgeblasenen und mit Wasserfarben angemalten Eier hängen wir dann an einen Osterstrauch im Haus.

*Mit Familie Goppelt beim Ostereierbemalen*

Auch in Kröchlendorff war das Osterfest ein großes Ereignis, dessen Vorbereitung viel Zeit in Anspruch nahm.

*Aber wieder bin ich etwas vorausgeeilt. Denn das Osterfest darf nicht vergessen werden. Eigentlich wurde davon nicht besonders viel hergemacht, aber es fanden sich oft schon die ersten Gäste ein, Verwandte aus Wannsee und Potsdam, oder die Kinder brachten zu den Ferien Freunde aus den Internaten mit nach Hause. Das Färben der hartgekochten Eier war dann ein gemeinsamer Spaß. In Steintöpfen wurden die Farben gelöst, genau dieselben wie heute noch. Etwa dreihundert Eier wurden hartgekocht und gefärbt und zum Abtropfen auf einen großen drahtbespannten Rahmen, der auf zwei Holzböcken ruhte, gelegt. Jeder der Hausangestellten und die zu beköstigenden Burschen bekamen fünf bunte Eier. Die übrigen wurden versteckt und außerdem am langen Familientisch drei Tage lang zu jeder*

*Mahlzeit reichlich und gerne verspeist! Unsere Mutter ließ auf einem großen, ovalen Silbertablett Hafer auf guter Erde einsäen und im Gurkenhaus treiben. Zum Ostersonntag war dann die „Osterwiese" fertig, mit buntgefärbten Eiern garniert. Täglich hatten wir dann am Eßtisch unsere Freude am Wachsen der grünen Halme, die jeden Morgen an der Spitze einen blinkenden Tautropfen produzierten. Ein kleines Wunder der Natur.*

# Die Osterwiese

Die „Osterwiese" auf dem Frühstückstisch, von der Katharina berichtet, ist eine wunderbare Idee. Ich habe mich davon inspirieren lassen und es selbst einmal ausprobiert.

Für die österliche Dekoration draußen lassen sich wieder die schon erwähnten Buchsbaumstäbe einsetzen: Dazu stelle ich vor den Eingang unseres Hauses rechts und links zwei Holzpfähle auf, die ich mit Buchsbaumzweigen umwickle. Zwischen die Zweige stecke ich bunte Ostereier. Das ist einfach selbst zu machen und sieht sehr schön aus.

# Ostern an jedem Tag

Zu Ostern gehört für mich und meinen Mann auch wesentlich der Besuch im Ostergottesdienst unserer Gemeinde.

Doch im Grunde genommen ist für mich an jedem Tag des Jahres Ostern. Denn Jesus Christus lebt ja auch heute noch. Wenn ich an ihn glaube und mich für sein Wirken öffne, dann kann ich seine Gegenwart und Hilfe täglich erleben.

Das geht bis in die ganz praktischen, alltäglichen Dinge hinein: Wenn ich zum Beispiel etwas verloren habe und danach suchen muss, bitte ich Jesus, dass er mir hilft, es zu finden. In diesem Bereich habe ich schon so manche Gebetserhörung erlebt. Einmal betete ich mit einer Frau, die sich sehnsüchtig einen Partner fürs Leben wünschte. Heute ist sie verheiratet. Einmal habe ich Gott sogar gebeten, dass eine kaputte Maschine wieder funktioniert und dann ist sie schließlich in Gang gekommen. Auf diese und viele andere Weisen mache ich fast täglich Erfahrungen mit der „Auferstehungskraft" Jesu in meinem Leben. Ich schreibe das, was ich an kleinen und großen Wundern mit Jesus erlebe, in eine Art Tagebuch und merke, dass die Liste mit der Zeit immer länger wird.

Das macht mich dankbar und hilft mir, mich über das zu freuen, was Gott tut.

# Schatzsuche

Als Kind war das Ostereiersuchen für mich ein riesiger Spaß. Besonders die Eier, die wir später noch fanden, waren ein wahrer Kinderschatz. Meine Eltern versteckten die „Schätze" in der Sager Heide im Oldenburger Land, wo ich aufgewachsen bin. Dort sammelte ich in der blühenden Heide und war jedes Mal ganz glücklich und erfüllt, wenn mein Körbchen voll wurde.

Heute bin ich glücklich darüber, noch Schätze ganz anderer Art gefunden zu haben.

Mein jüngster Schatz zum Beispiel, den ich entdeckt habe, war die Erkenntnis, dass meine eigene Anstrengung und Leistung mich Gott nicht näher bringen. Er ist nicht davon beeindruckt, was ich selbst auf die Beine stellen kann. Ihm ist es viel wichtiger, dass ich mich mit meinem ganzen Unvermögen an ihn wende. Er freut sich, wenn ich ihn frage, ob er nicht eine Idee hat, wie wir dieses oder jenes Problem lösen könnten. Gott würde sicher Tausende von Apfelgeschäften und Hofläden für die Beziehung zu mir hergeben. Er will meinen „Lebenskorb" bis zum Rand füllen, sodass mein Leben reiche Schätze birgt, die ich auch mit anderen teilen darf. Das habe ich selbst erlebt.

Eine meiner Lieblingsstellen in der Bibel, die das zum Ausdruck bringt, ist Folgende:

*„Und ich gebe dir Schätze, die im Dunkeln verborgen sind – geheime Reichtümer.*
*Das alles tue ich, damit du weißt, dass ich der Herr bin, der Gott Israels,*
*der dich bei deinem Namen ruft."*

*(Jes. 45,3)*

*Bei Fürstenwerder*

# Sommer

# Auftanken im Apfel-Café

Mit den ersten Anzeichen des Sommers kommt hier in Lichtenhain alles so richtig in Schwung. Besonders die Berliner zieht es jetzt aufs Land. Wir bemühen uns, alles so schön wie möglich zu machen, damit die Besucher sich bei uns wohlfühlen. Seit Neuestem haben wir sogar ein Apfel-Café. Viele Menschen, die in unseren Hofladen kamen, haben in der Vergangenheit danach gefragt, ob sie denn bei uns auch ein Stück Kuchen und eine Tasse Kaffee bekommen könnten. Bis vor Kurzem mussten wir verneinen, nun können wir sagen: „Natürlich, immer hereinspaziert! Wir hoffen, Sie werden sich bei uns wie zu Hause fühlen." Noch haben wir zwar nicht „alle Tassen im Schrank", aber wir haben immerhin schon mal angefangen.

Lange Jahre habe ich davon geträumt und immer wieder davon gesprochen und nun ist das Café Realität. Durch seine Entstehung ist mir wieder neu deutlich geworden, dass es von großer Bedeutung ist, wie ich denke und was ich sage. Worte haben große Macht.

*„Ein Mensch erreicht mit seinen Worten viel Gutes, aber auch seine Taten bringen ihm großen Gewinn"* (Spr. 12,14).

Besonders schön wäre es, wenn durch die neue Geschäftsidee vielleicht auch wieder neue Arbeitsplätze entstünden. Es ist eines meiner Hauptanliegen, in der Uckermark, dieser strukturschwachen Gegend, Menschen eine neue berufliche Perspektive bieten zu können, und so freue ich mich immer riesig, wenn ich einem neuen Mitarbeiter – beziehungsweise meistens einer neuen Mitarbeiterin – einen unterschriebenen Arbeitsvertrag überreichen kann.

In unserem ersten Apfel-Café-Jahr haben wir einfach ein Zelt im Garten aufgeschlagen, um zu testen, wie das Angebot angenommen wird. Die Erfahrungen und das Feedback der Gäste waren mutmachend. Paulas und Kathleens selbst gebackener Apfelkuchen wurde in den höchsten Tönen gelobt und die Gäste freuten sich über die Kostproben aus unserem „Haus Lichtenhain"-

*Herzlich willkommen!*

Sortiment auf dem Tellerrand. Inzwischen haben wir den alten Stall gegenüber vom Hofladen, an den früher der Konsum, also das örtliche Lebensmittelgeschäft, angrenzte, in ein richtiges Café umgebaut. Es hat ein neues Dach bekommen, neue Wände, neue Fenster und es wurden neue Leitungen verlegt. Die Gäste erwarten ein schöner gelber Raum mit weißen Bänken, terrakottafarbenen Fliesen und großen Fenstern. Durch die geöffneten Flügeltüren kann man hinaus auf die Terrasse gehen und beim Blick in den weitläufigen Garten die Seele baumeln lassen.

Unsere Hoffnung ist, dass die Menschen, die in unserem Apfel-Café verweilen, dort zur Ruhe kommen, dass sie Liebe erfahren und Frieden finden. Das Café soll ein Ort zum Auftanken und ein Ort der Begegnung sein. Wir sind gespannt, was sich hier noch alles ereignen wird. Vielleicht kommen ja auch Sie uns eines Tages hier besuchen?

# Hoffnungsvolle Projekte in unserer Region

Für mich ist es ein Wunder, dass den ganzen Sommer über Menschen den Weg nach Lichtenhain finden. Natürlich profitieren wir von der Nähe zu Schloss Boitzenburg und davon, dass immer mehr Berliner die Uckermark mit ihren vielen Seen, sanften Hügeln und zahlreichen Alleen als Naherholungsgebiet entdecken. Aber auch Menschen von weiter weg kommen zu uns, oft auf der Durchreise zur Ostsee. Sie sind erstaunt, wie wunderschön es hier ist. Der Hofladen ist inzwischen nicht mehr nur ein kleiner, gut gefüllter Verkaufsraum, sondern hat sich zu einem Ort der Kommunikation entwickelt. Manchmal wird sich nur ein wenig ausgetauscht, manchmal suchen Menschen auch Rat oder sie wollen eben eine Tasse Kaffee trinken. Inzwischen sind so viele Kontakte nach ganz Deutschland entstanden. Es geht um mehr als nur um das Verkaufen einer Tüte Apfelkonfekt und die Kunden suchen auch nach mehr, sonst würden sie nicht so viele Kilometer fahren. Die Menschen, die von außerhalb in unsere Gegend kommen, hier in der Uckermark eine liebevolle und persönliche Atmosphäre erfahren zu lassen, darum geht es mir und vielen anderen wie zum Beispiel meiner Freundin Uta Scherlipp mit ihrem CAFÉ EIGEN-ART in Wichmannsdorf oder meiner Freundin Silvia Kort mit dem Töpferhof in Jakobshagen. Es geht uns um den Versuch, Leben in diese Region zu bringen.

*„Es geht um eine Veränderung der Atmosphäre in einer Region, die von Hoffnungslosigkeit und Depression und Hartz IV geprägt ist – es geht um Hoffnung und Freude und das ist Gott!"*
Matthias Schmöcker

Ich bin da voller Hoffnung. Es ist schon zu sehen, dass meine Entscheidung für dieses Unternehmen an diesem Standort nicht ohne Auswirkung geblieben ist. Wir bemühen uns um eine Kultur des gegenseitigen Respektes, der Ehre und der Liebe dem anderen gegenüber. Und so kann es auch Realität werden, dass alle, die für mich und mit mir arbeiten, den Gästen durch ihren Umgang mit ihnen diese Kultur zu vermitteln versuchen. Dafür brauche ich einen freien Kopf und immer wieder den Blick nach oben.

*Auf dem Weg zum Suckowsee*

# Zeit des Wachstums, Zeit der Ernte

Im Juni kann man auf den Feldern nichts mehr machen, sondern es einfach nur wachsen lassen. Es ist die Ruhe vor der Ernte und noch mal eine kurze Urlaubsmöglichkeit für die Bauern um uns herum. Mitte Juli sind dann die ersten Felder auch schon wieder abgeerntet und man wird nachdenklich, dass schon wieder so viel Zeit vergangen ist. Je älter ich werde, desto nachdenklicher werde ich ...

# Köstliche erste Äpfel

Besonders werden bei uns natürlich die ersten Korn- oder Augustäpfel gefeiert.

Die ersten richtig frischen Äpfel, die so schnell verderben und deshalb schnell gegessen werden müssen. Man kann sie allerdings auch zu köstlichstem Apfelmus verarbeiten. Kornäpfel heißen diese Äpfel auch deshalb, weil sie reif werden, wenn das erste Korn geerntet wird, die Gerste.

# Kindheit zwischen Arbeit und Vergnügen

Erinnere ich mich an meine Kindheit und Jugend, so war der Sommer immer mit sehr viel Arbeit und noch mal Arbeit verbunden. Meine Eltern besaßen einen Tierpark im Oldenburger Land und da er recht einsam gelegen war, war ich die Woche über viel mit meiner Mutter zusammen. Alle Arbeiten, die sie machen musste, habe ich mit ihr gemeinsam gemacht.

Wir haben zusammen gekocht, Obst gesammelt, im Garten gearbeitet, alte Rhododendronblüten von den Sträuchern entfernt, die Wege im Tierpark für die Besucher am Wochenende geharkt, Blumen gepflanzt, die Beete sauber gemacht, die drei Mahlzeiten am Tag vorbereitet und hinterher in der Küche wieder für Ordnung gesorgt. Allein das Kochen war immer viel Arbeit, denn wir hatten meist viele Gäste und viel Personal. Ich habe schon früh lernen – heute würde ich sagen – „dürfen", was es heißt, einen geordneten Tag zu leben und pünktliche Mahlzeiten zu haben, was ich in Lichtenhain auch eingeführt habe. Als Studentin habe ich natürlich ein freieres Leben absolut genossen, aber die festen Zeiten sind schon auch etwas sehr Gutes.

Ähnlich wie Frühling, Sommer, Herbst und Winter dem Jahr geben feste Mahlzeiten dem Tag eine Struktur. Alle Beteiligten können sich darauf einstellen und bekömmlicher ist es allemal. Ich brauche nicht überall alle zusammenzutrommeln, um 12 Uhr ist eben Zeit für das Mittagessen und das wissen auch alle. Allerdings muss das Essen dann auch fertig sein …

Oft habe ich auch meinem Vater helfen dürfen. Wir haben dann zum Beispiel Pakete mit lebenden Tieren wie Schildkröten gepackt, die wir anschließend zur Bahn gebracht haben, oder wir haben lange Fahrten unternommen, um Fasanenzüchter zu besuchen und ihnen Fasanen abzukaufen, die wir hinterher in unserem Tierpark gezeigt oder auch wieder verkauft haben. Manchmal kamen auch am Flughafen in Bremen richtige Flamingos an, die wir abgeholt und mit gekochter Hirse gefüttert haben. Leider können viele Jugendliche heute nicht mehr so einfach mit ihren Eltern mitarbeiten. Für uns war es ein Segen, aber eben auch viel Arbeit, über die ich als Kind und besonders als Jugendliche natürlich oft gestöhnt habe. Überwiegend war ich aber froh, meinen Eltern helfen zu können, da sie mich immer sehr viel gelobt haben.

Auch Katharina berichtet davon, dass damals in Kröchlendorff im Sommer alle mit angepackt haben – die Kinder ebenso selbstverständlich wie die Sommergäste.

Dann kam der richtige Sommer, und die Beerenobsternte und das Einmachen standen im Haushalt im Vordergrund. Johannisbeeren zu pflücken und im großen Kreis vor der Küchentür sitzend abzustreifen war eine beliebte Beschäftigung. Saft, Gelee und Marmeladen wurden gekocht, und wenn man beim Abstriebsen stöhnte, erzählte unsere Mutter, daß sie als Kind mit ihren vier Schwestern noch helfen mußte, die Johannisbeeren zu entkernen mit einer Federpose. Das war allerdings so unvorstellbar sinnlos, daß man ganz froh und dankbar war, damals nicht dabei gewesen zu sein!

Kaum waren Erdbeeren, Johannisbeeren und Himbeeren geschafft, kam schon die Buschbohnenernte dran, und wieder saßen wir zusammen, entfädelten und brachen und schnippelten, bis die Finger wund waren. Aber das Prinzip, dergleichen immer gemeinsam mit allen Sommergästen und Mädchen zu machen, war die beste Art, schnell mit all diesen notwendigen Arbeiten fertig zu werden. Dazu kamen auch noch die Kiepen voller Kirschen, die alljährlich aus einem anderen Dorf dazugekauft wurden. Diese Kirschen mit dem Ponywagen abzuholen war bei meinen Brüdern immer sehr beliebt, durften sie doch unterwegs so viel schmausen, wie sie nur konnten.

*Blick in den Schlossgarten*

# Die Früchte des Sommers verarbeiten

Wir in Lichtenhain können im Juni unsere eigenen Kirschen ernten, die wir in große Plastikfässer „einschlagen". Wir machen einen Deckel drauf, lassen sie gären und fahren mit der blubbernden Köstlichkeit dann zu einer der raren Brennereien hier im Norden, um Kirschschnaps daraus zu machen. Das Gleiche machen wir dann später mit den paar Pflaumen. Die schwarzen Johannisbeeren werden zu Likör angesetzt oder so in der Küche verwertet.

# Die Schönheit von Nutzgärten

Früher war der Garten in Lichtenhain ein richtiger Wirtschaftsgarten, wie ihn Bertha und Katharina auch in Kröchlendorff hatten. Die Zeiten haben sich aber besonders in den letzten Jahren geändert. Bis 1990 hatten hier noch viele Menschen einen eigenen Nutzgarten, doch inzwischen ist die Tendenz dazu gering geworden. Manchen geht es wie mir, dass sie einfach keine Zeit dafür haben, anderen fehlt schlichtweg die Lust. Leider. Es geht so viel Wissen dadurch verloren. Meine Freundin Ines aus Hardenbeck hat allerdings noch einen sehr schönen Garten.

*Kleines Paradies in Hardenbeck*

*Der Garten von Ines Köppen*

# Sommerlied

Geh aus, mein Herz, und suche Freud,
In dieser lieben Sommerzeit
An deines Gottes Gaben;
Schau an der schönen Gärten Zier
Und siehe, wie sie mir und dir
Sich ausgeschmücket haben!

Die Bäume stehen voller Laub,
Das Erdreich decket seinen Staub
Mit einem grünen Kleide;
Narzissus und die Tulipan,
Die ziehen sich viel schöner an
Als Salomonis Seide.

Die Lerche schwingt sich in die Luft,
Das Täublein fliegt aus seiner Kluft
Und macht sich in die Wälder;
Die hochbegabte Nachtigall
Ergötzt und füllt mit ihrem Schall
Berg, Hügel, Tal und Felder.

(...)

Die unverdroßne Bienenschar
Fliegt hin und her, sucht hier und da
Ihr edle Honigspeise;
Des süßen Weinstocks starker Saft
Bringt täglich neue Stärk und Kraft
In seinem schwachen Reise.

Der Weizen wächset mit Gewalt;
Darüber jauchzet jung und alt
Und rühmt die große Güte
Des, der so überfließend labt
Und mit so manchem Gut begabt
Das menschliche Gemüte.

(...)

Hilf mir und segne meinen Geist
Mit Segen, der vom Himmel fleußt,
Daß ich Dir stetig blühe;
Gib, daß der Sommer Deiner Gnad
In meiner Seele früh und spat
Viel Glaubensfrüchte ziehe.

Mach in mir Deinem Geiste Raum,
Daß ich Dir werd ein guter Baum,
Und laß mich Wurzeln treiben.
Verleihe, daß zu Deinem Ruhm,
Ich Deines Gartens schöne Blum
Und Pflanze möge bleiben.

Erwähle mich zum Paradeis
Und laß mich bis zur letzten Reis
An Leib und Seele grünen,
So will ich Dir und Deiner Ehr
Allein und sonsten keinem mehr
Hier und dort ewig dienen.

Paul Gerhardt

# Blaubeersuche und endlose Einmachaktionen

In den Sechzigerjahren bin ich im Sommer mit meiner Mutter oft „in die Blaubeeren" gegangen. Eimerweise haben meine Mutter und ihre Freundinnen diese herrlichen blauen Früchte gesammelt und wir Kinder tassenweise. Das Schönste waren die Butterbrote, die allerdings mit Margarine bestrichen waren und dazwischen etwas Zucker. Wie knirschte das schön, wie war das köstlich!

Damals gab es erst wenig und wenn, dann teure Tiefkühlware. Ich erinnere mich an endlose Einmachaktionen von Erdbeermarmelade, Mirabellen und Pflaumen, sodass meine Schwester und ich jahrelang nur gekaufte Marmelade bevorzugten. Niemals hätte ich mir damals träumen lassen, dass ausgerechnet ich mich eines Tages mit Apfelgelee selbstständig machen würde.

# Geschäftige Sommertage

Auch wenn die Hauptapfelernte erst im Herbst ansteht, wird mir im Sommer keinesfalls langweilig. Und das liegt nicht allein an unserem Apfel-Café. Im Sommer ist auch immer Marketing angesagt. Es gibt dazu bestimmt drei Gespräche im Monat, Interviews, Fotos. Die sogenannte Pressearbeit läuft sowohl regional als auch überregional. Manchmal berichtet sogar eine Zeitschrift oder Fachzeitschrift über mich oder es kommt ein Kamerateam vom Fernsehen vorbei. Ich muss da immer am Ball bleiben und bin natürlich dankbar für die kostenlose Werbung.

Neben den Presseleuten kommen viele Busgruppen zu uns. Auch sie führe ich über das Gelände, zeige ihnen alles, erzähle von unseren Anfängen, unseren Träumen, unseren Hoffnungen. Manchmal fährt der eine Bus gerade ab, da biegt auch schon der nächste um die Ecke.

Das ist ein Segen – aber auch eine große Herausforderung. Spätestens bei der dritten Führung am Tag muss ich aufpassen, dass ich noch alles richtig erzähle und nichts durcheinanderbringe.

# Inseln der Ruhe inmitten der Hektik

Zeit – kostbare Zeit – wie nutze ich sie für all das täglich Anfallende hier auf dem Land bloß richtig? Wie halte ich alle unnötigen Ablenkungen von mir fern und schaffe es, in dem Überlebenskampf, den jeder ja auf seine Weise hat, den richtigen Fokus zu behalten?

Arbeit – sie kann auch zum Fluch werden. Inzwischen faste ich Arbeit! Ich merke, dass zu viel Geschäftigkeit mich vom Eigentlichen abhält. Es hält mich davon ab, zur Ruhe zu kommen und die Dinge wirklich zu durchdenken. Ich brauche Kraft, selbst die schönen Ablenkungen mal zur Seite zu legen, um mir wieder über das klar zu werden, was wirklich zählt. Mir ist wichtig geworden, was Martin Luther einmal sagte:

*„Ich habe heute viel zu tun, darum muss ich heute viel beten.“*

Und so versuche ich mir zum Beispiel den Sonntag möglichst freizuhalten – auch wenn alles, was mein Geschäft angeht, dagegenspricht. So viele gute Veranstaltungen zum Verkaufen und Präsentieren der Ware finden am Wochenende statt oder über das Wochenende hinaus. Ich will dem widerstehen. Gott hatte schließlich nur unser Bestes im Sinn, als er uns gebot, am siebten Tag zu ruhen. Hofladen und Café sind trotz vieler Feriengäste in der Region am Sonntag möglichst geschlossen und ich versuche, wenigstens einmal in der Woche wieder einen klaren Kopf zu bekommen.

Außerdem haben Michael und ich uns angewöhnt, im Sommer ganz bewusst jeden Abend nach der Arbeit spazieren zu gehen. Wir laufen meist dieselbe Runde. Durch die alte Apfelallee hinunter zum Suckowsee, vorbei an den neuen Apfelplantagen und dann durch die hügeligen Felder zurück zum Haus. Der Spaziergang ist eine tolle Gelegenheit, sich der Hektik des Alltags für einen Moment zu entziehen, Zeit miteinander zu verbringen und einfach mal tief durchzuatmen. Und spätestens wenn wir am Suckowsee angekommen sind, der in der Nachmittagssonne wunderschön glitzert, merke ich, dass ich schon viel ruhiger bin.

Dass es auf die richtige Mischung von Arbeit und Vergnügen ankommt, hatte auch Michaels Urgroßmutter schon erkannt. So fuhr sie mit ihren Kindern im Sommer oft zum Baden an den Kuhzer See. Ein Erlebnis, an das Katharina gern zurückdachte. Und auch ich erinnere mich oft schmunzelnd an diese Schilderung des Schwimmunterrichts, wenn ich zum Einkaufen nach Prenzlau fahre und eben jenen See rechts von mir in den Feldern schimmern sehe.

*Der Apfelweg*

*Badestelle am Kuhzer See*

### Badevergnügen

Um die Vesperzeit kam dann die große Freude in den heißen Sommerwochen: das Ba-
denfahren zum Kuhzer See! Der lag fünf KiIometer entfernt, durch Wald- und Landweg
zu erreichen. Oft fuhren wir in zwei Kutschwagen, wenn außer unserer Familie noch die
Innsbrucker Verwandten Hartungens da waren oder andere Sommergäste. Am Sandweg,
wo die Räder mahlten, stieg alles aus und ging neben den Wagen her, um die Pferde zu
schonen, und man zählte die stahlblauen Mistkäfer, die in die frischen Wagenspuren kul-
lerten. Rechts und links die himmelhohen Tannen, hin und wieder auch schnell ein paar
Walderdbeeren! War der Hügel geschafft, wurde vergnügt wieder eingestiegen und weiter
ging es dem ersehnten Ziel entgegen.

An einer etwas abgelegenen Stelle des Seeufers führte ein Holzsteg zu unserem Badehaus.
Es war ein einziger Raum von etwa zwölf Quadratmetern, in dem eine Bank rundherum
an den Wänden entlang lief. Durch die Mitte war ein Vorhang zu ziehen, doch als der
abhanden gekommen war, tat's auch ein Kreidestrich! Zum See hinaus führte ein Steg.
Das Schilf raschelte an den Holzwänden des Badehauses und kitzelte einen als Willkommen auf dem Steg. Das Wasser gluckste an den Pfählen und die Schwalben flogen durch
die Fensterluken ein und aus zu ihren Nestern an der Holzdecke. Aber wir waren nicht
nur zum Vergnügen gekommen: unsere Mutter hat uns Kindern dort allen an einer großen Angelrute nacheinander das Schwimmen beigebracht.

Mit einem von uns war sie immer beschäftigt, so will es mir jetzt vorkommen, und sie
war wahrhaftig unermüdlich im gleichmäßigen Zählen der Stöße – eins – zwei, drei!! –
zwei, drei!! Man hing da an dicker Schnur und hatte ein kleines Leibchen übergestreift,
an dem die Schnur befestigt war. Ganz genau besinne ich mich noch auf den glücklichen
Augenblick, wo ich zum ersten Mal „ins Tiefe" schwamm und die Gewißheit erlebte, daß

tieferes Wasser viel besser trägt als das flache! Und schließlich hatte man es geschafft und schwamm stolz mit den anderen zur Insel hinüber und zurück. Nach dem Herauskommen und Trocknen und Abrubbeln gab es aus einer großen kupfernen Brottrommel Butterbrote, die wir alle auf dem Steg sitzend glücklich und heißhungrig verzehrten.

Noch heute schmeckt Butterbrot zusammengeklappt ohne Belag mir immer noch wie die Atzung am Kuhzer See! Wie alt wir waren, als wir schwimmen konnten, weiß ich nicht mehr. Es gab weder ein Abzeichen noch eine Belohnung, nur legte unsere Mutter Wert darauf, daß man, bevor man ins Internat kam, freigeschwommen war.

*Mein Großvater mütterlicherseits bringt seinen Kindern das Schwimmen bei – so ähnlich muss es für Katharina gewesen sein*

*Badespaß bei Kröchlendorff*

### Sommergewitter

Der Monat August war natürlich schon Erntemonat.
Das Wetter wurde mehr denn je beobachtet, und da
es meist trocken war, war Land- oder Gewitterregen
oft eine Flasche Sekt wert. Man saß auf der Veranda,
auf der in den Sommerwochen so oft am großen Tisch
das Abendbrot stattfand. In blauen Milchsatten gab
es dicke Milch mit dicker Sahneschicht, dazu geriebe-
nes Brot zum Darüberstreuen und Streuzucker, unser
Vater liebte dazu noch Zimt. Hinterher gab es auch
abends in unserem Elternhaus außer an Sonntagen
immer ein warmes Gericht. Langsam zogen schwere
Gewitterwolken auf, die sehnsüchtig betrachtet wurden, Blitze zuckten, es wurde unnatürlich dunkel und
schließlich brach der Donner los mit solchem Getöse,
daß alles zu vibrieren schien. Nach abgeräumtem
Abendessen blieben wir auf der Veranda sitzen und
verfolgten die Veränderungen in der Natur, und endlich rauschte nach immer wiederkehrenden Donner-
schlägen der Regen und rauschte und plätscherte und
bildete tiefe Rinnsale rechts und links den kleinen Ve-
randaberg hinab. Die Trockenheit hatte den großen,
freien Rasenflächen vor der Veranda sehr zugesetzt,
und man spürte richtig, wie der Boden den Regen
aufsog. In wenigen Tagen würde alles wieder frisch
und grün sein, und das Getreide und die Kartoffeln
waren wieder einmal gut davongekommen.

KRÖCHLENDORFF, KIEFERNECKE AM KLEINEN KNACK.

MOOSBRUCH IN DER KRÖCHLENDORFFER FORST.

# Landregen und andere Wetterphänomene

Obwohl wir heute noch genauso vom Wetter abhängig sind wie Michaels Vorfahren damals, zelebrieren wir den Sommerregen nicht auf dieselbe Art wie sie. Auch wenn das natürlich eine wunderschöne Vorstellung ist – wie eine Szene aus einem Film! So ein Gewitter auf dem Land ist übrigens gar nicht ohne. Wer noch keinen Landregen miterlebt hat, macht sich keine Vorstellung davon, wie heftig so ein Niederschlag ausfallen kann. Im Jahr 2012 waren wir sogar einem noch viel ungestümeren Wetterphänomen ausgesetzt. An einem dieser ungewöhnlich heißen Sommertage zog eine sogenannte Windhose, ein kleiner Wirbelsturm, über Lichtenhain hinweg und riss eine unserer riesigen Kastanien vor der Mosterei um. Da lag sie – aus und vorbei. Von der Wucht des Ereignisses schlotterten mir noch den ganzen Tag die Knie.

Wenn ich an diesen Tag zurückdenke, bin ich dankbar, dass niemand zu Schaden gekommen ist. Ganz neu wurde mir bewusst, wie abhängig wir von der Natur sind – im Guten wie im Schlechten. Von einer Sekunde auf die andere kann es nicht nur eine jahrhundertealte Kastanie umreißen, es kann auch die Äpfel an den Bäumen zerhageln. Aber es können genauso gut monatelang optimale Bedingungen für eine überreiche Ernte herrschen. Ich versuche das, was kommt, dankbar aus der Hand Gottes anzunehmen. Vielleicht ist das sogar das Geheimnis, wie es einem gelingen kann, sich ein glückliches Herz zu bewahren – ungeachtet der Stürme des Lebens, die in den verschiedenen Jahreszeiten immer wieder über uns aufziehen. Mal durch Donnergrollen in der Ferne angekündigt, mal aus heiterem Himmel.

Garten Haus Lichtenhain

# Sommer

Der Sommer folgt. Es wachsen Tag und Hitze,
und von den Auen dränget uns die Glut;
doch dort am Wasserfall, am Felsensitze
erquickt ein Trunk, erfrischt ein Wort das Blut.

Der Donner rollt, schon kreuzen sich die Blitze,
die Höhle wölbt sich auf zur sicheren Hut,
dem Tosen nach kracht schnell ein knatternd Schmettern;
doch Liebe lächelt unter Sturm und Wettern.

*Johann Wolfgang von Goethe*

# Sommerliche Apfel-Möhren-Marmelade

500g Äpfel          1 Zitrone

1 kg Möhren         750g Zucker

Äpfel und Möhren klein schneiden.

Zitronenschale zugeben und alles auf kleiner Flamme dick einkochen.

Zucker unterrühren und zum Schluss Zitronensaft zufügen
(ich nehme immer gern mehr Zitronensaft als üblich).

In vorbereitete Gläser füllen.

*Serviervorschlag*

# Apfelpralinen

125 g  Pflanzenmargarine

125 g  Puderzucker

375 g  feine Zartbitterschokolade gerieben

5 EL  Apfelschnaps

100 g Kakao zum Wälzen

Alle Zutaten bis auf den Kakao vermengen und kleine Kugeln mit den Händen formen. In dem Kakao wälzen und kühl stellen.

In Manschetten servieren.

# Dekoideen Sommerzeit

- ein etwas höheres Gefäß (Suppenterrine) mit einem Wurfel Steckschaum und Wasser füllen,

- eine Sonnenblume in der Mitte platzieren

- 3 Sommeräpfel auf Schaschlikspieße stecken und in den Steckschaum stecken,

- die Zwischenräume mit Rosen, Gräsern, Kamille und anderen Sommerblumen füllen.

## „Äppelkahn" als Platzkarte

- Äpfel halbieren und die Schnittfläche mit Zitronensaft beträufeln,

- auf gleichmäßige Apfelblätter mit einem weißen Lackstift und einem Goldstift den Namen schreiben,

- zwei-, dreimal so auf einen Schaschlikstab stecken, dass das Blatt sich wie ein Segel wölbt,

- das „Segel" in die Mitte des halbierten Apfels stecken.

# Später Sommer

Du stehst in diesem weiten Land,
der Blick reicht bis zum Horizont,
so hast du es von je gekannt,
es ist von stillen Menschen hier bewohnt.

Folgst du den Wegen und den Straßen,
begleiten dich zu beiden Seiten,
Obstbäume, die ihre Jahre schon vergaßen,
die reifen Früchte leuchten bis in ferne Weiten.

Trotz ihres Alters tragen sie,
dass schwer sich Äst' und Zweige bücken,
der Wandrer fragt sich jedoch wie
sobald große Ernte sollte glücken?

Die Früchte fallen still vom Baum
und liegen unten dicht an dicht,
man traut sich gar nicht hinzuschauen,
wenn unter Rädern Frucht um Frucht zerbricht.

Du hörst die Stille, wenn du hier den Schritt verhältst,
du glaubst den Flügelschlag des Schmetterlings zu spüren,
der an dem Saft der Früchte seine Ernte hält,
die zum Naschen denn auch dich verführen.

Das Jahr? Es neigt sich, und der Gänse Schrei
der dich aus großer Höhe trifft
sagt dir: Du Mensch, du bist nicht endlos frei!
Der Herbst: Er auch dich selbst betrifft.

99

*Der Suckowsee*

# Herbst

# Gute Ernte

Es wird behauptet, dass es gute und schlechte Apfeljahre gäbe. Ich weigere mich aber, „schlechte" Jahre zu haben und versuche, jedem Jahr meines Lebens die Fülle abzuverlangen und sie zu leben. Das Jahr 2012 war zum Beispiel ein Jahr, in dem wir vor Äpfeln förmlich übergelaufen sind und kaum unserer eigenen Ernte Herr wurden. Es war einfach zu viel auf einmal. Täglich tauchten Fragen auf wie: Sind genug Helfer da, ist die Liste der Aushilfen vollständig, wo kriege ich Flaschen her, ist das Kühllager groß genug und gibt es Ausweichmöglichkeiten? Und natürlich die spannendste Frage: Wie vermarkten wir unseren Saft und die anderen Produkte?

Eine gute Organisation ist sehr wichtig. Mein Mann kümmert sich während der Apfelernte netterweise um technische Probleme. Außerdem bestellt er Flaschen, Deckel und andere Materialien für das Mosten. Er organisiert Erntearbeiter und stellt auch das „Most-Team" für unsere mobile Mostmaschine zusammen. Während der Saison fahren wir mit dem Mostmobil in viele Dörfer, um Saft aus den Äpfeln, die uns gebracht werden, zu pressen. Ich bin für die Terminannahme, die Versorgung der Mitarbeiter und die Abrechnung des Mostens zuständig. Wenn die Ernte gut ist, ist der Herbst eine vollgepackte und anstrengende, aber auch eine glückliche Zeit.

Junge Erntehelfer

# Vorbereiten und Vermehren

Ein spannender Gedanke beschäftigt mich immer wieder, nicht nur in Bezug auf unsere Apfelernte, sondern auch in einem tieferen Sinn: „Was mache ich, wenn eine neue Erntezeit in meinem Leben kommt – sind genügend ‚Gefäße‘ vorhanden? Ist alles gut geplant und vorbereitet?"

Ich will mit guten Ernten in meinem Leben rechnen, denn sie kommen ganz bestimmt, wenn ich Gutes ausgesät habe. Gott hat mich reich gesegnet und ich darf andere segnen. Das versuche ich zum Beispiel, indem ich Arbeitsplätze in der Uckermark schaffe. Ich widme meinen Mitarbeitern Zeit und bemühe mich, ihnen mit Freundlichkeit zu begegnen. Wenn es hektisch wird, klappt das nicht jedes Mal. Aber wir kennen uns inzwischen ja alle recht gut. Dennoch möchte ich immer mehr der Frau entsprechen, die im Buch der Sprüche beschrieben wird: „Sie tut ihren Mund auf mit Weisheit, und auf ihrer Zunge ist gütige Weisung" (Spr. 31, 26).

Ich versuche, durch finanzielle Investitionen, Schaffung von Arbeitsplätzen, Ideen, Pläne und nicht zuletzt durch das Gebet „auszusäen". Dann darf ich ab einem bestimmten Punkt auch Ernte erwarten. Auf diese will ich mich vorbereiten und weise handeln, damit sie nicht plötzlich und unerwartet über mich hereinbricht.

Was mache ich mit der Ernte meines Lebens? Wie kann ich das, was ich ernten darf, weiter investieren?

Für Zeiten, in denen eine gute Ernte anfällt, habe ich mir eine Bedarfsliste zusammengestellt, auf der zum Beispiel eine Schokoladenüberzugsmaschine oder ein besonderes Schneidegerät für Früchte steht. Ich will mit dem, was Gott mir anvertraut, gut haushalten und seine Gaben vermehren, damit nicht nur ich, sondern auch andere etwas davon haben.

Jesus hat eine Geschichte erzählt, die genau das ausdrückt – haushalte gut mit dem, was Gott dir schenkt und vermehre es:

„Ein Mann wollte ins Ausland reisen. Er rief alle seine Verwalter zusammen und beauftragte sie, während seiner Abwesenheit mit seinem Vermögen zu arbeiten. Dem einen gab er fünf Zentner Silberstücke, einem anderen zwei und dem dritten einen Zentner, jedem nach seinen Fähigkeiten. Danach reiste er ab. Der Mann mit den fünf Zentnern Silberstücke war so erfolgreich bei seinen Geschäften, dass er die Summe verdoppeln konnte. Auch der die zwei Zentner bekommen hatte, verdiente zwei hinzu. Der dritte aber vergrub sein Geld an einem sicheren Ort. Nach langer Zeit kehrte der Herr von seiner Reise zurück und forderte seine Verwalter auf, mit ihm abzurechnen. Der Mann, der fünf Zentner Silbergeld erhalten hatte, brachte zehn Zentner. Er sagte: ,Herr, fünf Zentner hast du mir gegeben. Hier, ich habe fünf dazuverdient.‘ Da lobte ihn sein Herr: ,Du warst tüchtig und zuverlässig. In kleinen Dingen bist du treu gewesen, darum werde ich dir größere Aufgaben anvertrauen. Ich lade dich zu meinem Fest ein!‘ Danach kam der Mann mit den zwei Zentnern. Er berichtete: ,Herr, auch ich habe den Betrag verdoppeln können.‘ Da lobte ihn der Herr: ,Du warst tüchtig und zuverlässig. In kleinen Dingen bist du treu gewesen, darum werde ich dir größere Aufgaben anvertrauen. Ich lade dich zu meinem Fest ein!‘ Schließlich kam der mit dem einen Zentner Silberstücke und erklärte: ,Ich kenne dich als strengen Herrn und dachte: Du erntest, was andere gesät haben; du nimmst dir, was ich verdient habe. Aus Angst habe ich das Geld sicher aufbewahrt. Hier hast du es wieder zurück!‘ Zornig antwortete ihm darauf sein Herr: ,Auf dich ist kein Verlass, und faul bist du auch noch! Wenn du schon der Meinung bist, dass ich ernte, was andere gesät haben, und mir nehme, was du verdient hast, hättest du zumindest mein Vermögen bei einer Bank anlegen können! Dort hätte es wenigstens Zinsen gebracht!‘“ (Mt. 25,14-27).

## Auf Gottes Kraft vertrauen

Die Zeiten, in denen Gott uns in Lichtenhain eine reiche Ernte schenkt, in denen wir viel Arbeit haben und Arbeitsplätze bieten können, motivieren mich dazu, weiterhin in den unterschiedlichsten Formen „auszusäen". Dabei ist mir wichtig geworden, nicht auf meine eigene, sondern auf Gottes Kraft zu vertrauen, der mir in meinem Leben reiche Ernte schenken will.

Eine Erzählung aus der Bibel verdeutlicht mir das immer wieder. Der Fischer Simon Petrus und seine Freunde haben am See Genezareth die ganze Nacht gefischt und nichts gefangen. Da fordert Jesus ihn auf, noch einmal auf den See hinauszufahren. Erst zögert Petrus, weil er glaubt, dass es sinnlos ist. Doch er lässt sich auf Jesus ein, wirft noch einmal die Netze aus und fängt eine gewaltige Menge an Fischen – so viel, dass die Netze fast zerreißen (Lk. 5,4-7).

Ich meine, verstanden zu haben, dass das Netz von Petrus beim zweiten Mal von Fischen überquoll, weil er nicht mehr auf seine eigene Kraft vertraute, sondern auf die Kraft und den Beistand von Jesus. Obwohl er sicher von der langen Nacht total erschöpft war, ließ er sich von Jesus leiten, fuhr noch einmal auf den See hinaus und konnte reiche „Ernte" einbringen.

## Umgang mit schlechten Ernten

Ist ein Apfeljahr einmal nicht so gut, versuche ich, auf anderen Gebieten gute Erträge zu erwirtschaften – durch unsere übrigen Produkte und durch Aufträge. Und ich hoffe auf ein gutes Weihnachtsgeschäft. Natürlich trage ich, wenn die Ernte einmal schlecht ist, Sorge um meine Mitarbeiter. Genug Arbeitsplätze und Einkommen – das ist in der Uckermark ein großes Thema. Viele Leute hier können nichts für schlechte Zeiten ansparen, da das Geld ohnehin sehr knapp ist.

Doch wenn etwas nicht so kommt, wie man es erwartet, dann ist es wichtig, Sorge zu verbannen. Das fällt mir nicht leicht und ich muss es immer wieder neu einüben. Wenn ich mal wieder eine große Rechnung auf meinem Schreibtisch hin- und herschiebe, dann sage ich mir: „Es ist in den letzten Jahren gut gegangen. Es wird auch jetzt gut gehen!" Ich versuche, mich innerlich zu wappnen und mir ins Gedächtnis zu rufen: „Ich bin eine geliebte Tochter Gottes. Gott möchte mir Gutes schenken. Durch diesen kleinen Test kann mein Vertrauen wachsen." Auch wenn wir uns manchmal in unserem Leben so fühlen, als fege ein heftiger Herbststurm über uns hinweg, müssen wir doch daran festhalten: selbst, wenn im Moment noch nichts sichtbar ist – die Ernte kommt!

Mein Mann Michael und ich haben zum Beispiel keine eigenen Kinder bekommen, die ja ein Geschenk von Gott sind. Dennoch dürfen wir auf vielfältige Weise „geistliche" Eltern sein. So berät Michael jüngere Leute, wie sie mit ihrem Geld besser umgehen können und hilft ihnen, ihren Berufsweg zu finden. Das ist eine der Möglichkeiten, wie wir in gewisser Hinsicht Elternschaft leben können. Für junge Menschen da zu sein und sie zu „coachen", wenn sie Hilfe benötigen, ist eine schöne Weise, Gutes auszusäen. Es macht Spaß und wir bleiben am Puls der Zeit.

# Sorgen verbannen, Versorgung erwarten

Ich achte darauf, mich nicht von Sorge oder negativen Gedanken bestimmen zu lassen. Mit Gott sind alle Dinge möglich – auch die, von denen wir denken, dass sie unmöglich sind.

So habe ich zum Beispiel noch vor einiger Zeit in einem alten Schuppen neben unserem Gutshaus gestanden und mir immer wieder gesagt: „Hier kommt ein Café hinein!" Ich habe Gott gebeten, dass es eines Tages Realität werden darf. Vor Kurzem konnten wir dann tatsächlich das neue Apfel-Café einweihen, in dem wir jetzt frischen Apfelkuchen und andere Köstlichkeiten servieren. Es ist für mich ein Wunder, dass hier aus dem Nichts heraus ein schönes Café entstehen konnte, in dem die Besucher und Wanderer ausruhen und sich wohlfühlen können.

Ich möchte von Gott immer wieder erwarten, dass er mich, meinen Mann und meine Mitarbeiter weiterhin versorgt. Alles, was über Essen und Trinken und ein Dach über dem Kopf hinausgeht, empfinde ich als großen Segen. Jesus ermutigte seine Nachfolger, sich nicht viele Sorgen zu machen, durch die sie ohnehin nichts ändern können. Das nehme ich mir zu Herzen.

*„Darum sage ich euch: Macht euch keine Sorgen um euren Lebensunterhalt, um Essen, Trinken und Kleidung. Leben bedeutet mehr als Essen und Trinken, und der Mensch ist wichtiger als seine Kleidung (…) Und wenn ihr euch noch so viel sorgt, könnt ihr doch euer Leben um keinen Augenblick verlängern (…) Zerbrecht euch also nicht mehr den Kopf mit Fragen wie: ‚Werden wir genug zu essen haben? Und was werden wir trinken? Was sollen wir anziehen?' Mit solchen Dingen beschäftigen sich nur Menschen, die Gott nicht kennen. Euer Vater im Himmel weiß doch genau, dass ihr dies alles braucht. Sorgt euch vor allem um Gottes neue Welt, und lebt nach Gottes Willen! Dann wird er euch mit allem anderen versorgen"* (Mt. 6, 25.27.31-33).

*Schönes Landbrot mit Apfelkraut*

# Unser täglich Brot

Auch wenn ich nur mit der Apfelernte und nicht mit der Getreideernte zu tun habe, ist Brot für mich ein wichtiges Lebensmittel, das mich immer wieder für die guten Ernten und Gottes treue Versorgung dankbar sein lässt. Wenn ich Brot selbst backe, wird mir erst richtig bewusst, wie viel Arbeit von der Saat über die Ernte bis zur Verarbeitung der Körner zu Mehl in einem einzigen Laib Brot steckt.

Der nächste Bäcker ist bei uns nicht gerade um die Ecke und auch den Brotwagen, der regelmäßig über Land fährt, verpasse ich oft. So habe ich es mir zur Gewohnheit gemacht, öfter mal für uns und die Besucher unseres Hofladens Brot selbst zu backen. Besonders gern mag ich Dinkelbrot, das sehr bekömmlich für den Magen ist. Für Hildegard von Bingen, eine Benediktinerin und bedeutende Gelehrte im 12. Jahrhundert, war der Dinkel die wichtigste Getreidesorte. Sie war der Ansicht, er sei überhaupt das beste Nahrungsmittel: *„Der Dinkel ist das beste Getreide, er ist kraftvoll und besser verträglich als alle anderen Getreidearten. Er bereitet dem, der ihn isst, Gesundheit und Wohlbefinden. Die Seele des Menschen macht er froh. Und wie immer zubereitet man ihn isst, sei es als Brot, sei es als andere Speise, ist er gut und lieblich und süß (leicht verdaulich).“*

Dem Dinkel werden viele positive Eigenschaften zugeschrieben: Er hat einen hohen Gehalt an hochwertigen Eiweißstoffen, Fetten, Kohlehydraten, Vitaminen, Mineralien, Spurenelementen und Ballaststoffen. Das Dinkelbrot bleibt schön saftig, weil ich den Teig mit etwas Apfelmus vermische. Damit ich vom Kneten nicht Oberarme wie eine Gewichtheberin bekomme, befindet sich in unserer Apfelbackstube eine Rührmaschine, die 10 kg Mehl auf einmal kneten kann. Das lange Kneten ist ein Geheimnis für den Erfolg. Auch die große Menge an Teig scheint die Brote anders schmecken zu lassen und ihnen gutzutun. Da ich keinen Sauerteig ansetzen muss, sondern fertigen Sauerteig verwende, habe ich die Brote in knapp zwei Stunden fertig. Für den privaten Gebrauch friere ich einige Brote ein, sodass ich nicht allzu oft „Backtag" habe.

Katharina von Arnim berichtet in beeindruckender Weise davon, wie es früher an Backtagen auf Kröchlendorff zuging und wie anstrengend das Brotbacken im Gegensatz zu heute war.

Das Brot wurde seit Jahrzehnten von der tüchtigen Frau Andres für den gesamten Hausbedarf gebacken. Dazu war im Keller des Inspektorhauses ein großer Backofen vorhanden. Jeden Dienstag war Backtag. Eine große körperliche Leistung war das Kneten der großen Menge Brotteiges. Etwa vier Pfund Teig blieb zugedeckt in einem Steintopf fürs nächste Mal zurück und war dann der Sauerteig, der überhaupt das Aufgehen des Brotes beim Backen ermöglichte. Mit langen Scheiten Buchenholz wurde morgens im Inneren des Backofens ein Feuer angefacht, der am Vortag angemengte Teig „ging" das erste Mal über Nacht, am nächsten Morgen wurde nochmals alles in der großen Holzmolle tüchtig durchgeknetet und dann in Brot-Laibe geformt. War die Glut im Ofen ausgebrannt, zog Frau Andres die Holzasche mit langem Schaber heraus und machte den Schamottsteinboden frei von Feuerresten. Dann schob sie mit langem Schieber die Brote hinein, die vorher noch mit einem Gänseflügel mit Wasser bestrichen wurden. Gegen die frühe Nachmittagszeit waren die Brote fertig – und nicht nur sie. Zu unserem Entzücken hatte Frau Andres auch immer kleine Roggenmehlbrötchen gemacht, die vor dem Backen mit grobem Salz und Kümmel bestreut waren. Kam man dann gegen 15 Uhr vorbei, so konnte man die heißen, knusprigen Brötchen in Empfang nehmen – eine echte Delikatesse.

*Brotbacktag in Lichtenhain*

# Dinkelbrot

| | |
|---|---|
| 800 g Dinkelmehl | 250 g Apfelmus |
| 200 g Roggenmehl | 3 TL Salz |
| 2 Päckchen Hefe | je 1 TL Anis, Kümmel, Kardamon |
| 50 g Instant-Sauerteig | 700 ml Wasser |

Alle Zutaten zu einem Teig verkneten und an einem warmen Ort 30 min gehen lassen, dann nochmal durchkneten.

Entweder zu einem Laib Brot formen und aufs Blech legen oder in eine gefettete Kastenform.

Oberseite mit Wasser bestreichen, ein Töpfchen mit Wasser während des Backens auf dem Herdboden macht die Kruste kross.

15 min bei 180° und 30 min bei 170° auf der untersten Schiene backen.

# Roggenbrötchen mit Kümmel

600 g Roggenmehl

400 g Weizenmehl

1 EL Salz

1 TL Kardamom

2 Päckchen Trockenhefe

100 g getrockneter
Bio-Vollkornsauerteig

700 ml lauwarmes Wasser

2 EL Kümmel

Die Mehlsorten mit Salz, Kardamom, Trockenhefe und Sauerteig vermischen.

Das lauwarme Wasser zufügen und alles miteinander verkneten.

Aus dem Teig Brötchen formen und mit einem Messer die Oberseite kreuzweise einkerben.

Jedes Brötchen kurz in den Kümmel tunken. Man kann auch grobes Salz nehmen.

Bei 180° auf der mittleren Schiene 25 min backen.

# Herbstmarmelade

Aronia oder Apfelbeere – uralt, jetzt aber wieder groß in Mode – wächst an Sträuchern und ist reich an wertvollen Inhaltsstoffen wie Vitaminen und Mineralstoffen. Wenn man keine Aronia hat, kann man auch Holunder nehmen. Aroniabeeren sind allerdings herber im Geschmack.

| | |
|---|---|
| *800 g Aroniabeeren* | *50 g gewürfelte Ingwerstücke* |
| *800 g Äpfel* | *1 kg Gelierzucker* |
| *1 Zitrone* | *½ TL Zimt* |

Äpfel schälen, vierteln und klein schneiden. 200 g zur Seite stellen.

Aroniabeeren entstielen, waschen und gut trocknen. 600 g zur Seite stellen.

Aroniabeeren und Apfelstückchen im Topf zusammen mit Zitronensaft und Zitronenschale, Ingwer, Zimt und Gelierzucker 4 Minuten kochen lassen.

Topf vom Herd nehmen und die zur Seite gestellten Beeren und Apfelstückchen dazutun. Noch einmal kurz aufkochen, damit es stückig bleibt.

Die heiße Marmelade in Einweckgläser füllen. Gläser mit sauberen Deckeln gut verschließen. Nach dem Öffnen schnell verbrauchen.

# Dekoidee Herbstzeit

Man nehme eine große hohe Glasschale oder Vase und fülle sie randvoll mit Obst und Blüten. Danach Wasser hinzugeben. Diese besondere Herbstdekoration ist schnell fertig und hält lange. Man kann auch Blätter, Steine oder Ähnliches verwenden, je nach Größe des Behältnisses und der vorhandenen Materialien.

Auf dem Foto habe ich fast nur Äpfel eingefüllt sowie einige Blüten, deren Position ich mit einem Holzstab noch etwas korrigiert habe. Zusätzlich habe ich Blumen in das Arrangement hineingesteckt, was aber nicht nötig ist. Der Effekt ist auch ohne Blumen schon grandios.

# Apfellese

Das ist ein reicher Segen
in Gärten und an Wegen!
Die Bäume brechen fast.
Wie voll doch alles hanget!
Wie lieblich schwebt und pranget
der Äpfel gold'ne Last!

Jetzt auf den Baum gestiegen!
Lasst uns die Zweige biegen,
dass jedes pflücken kann!
Wie hoch die Äpfel hangen,
wir holen sie mit Stangen
und Haken all' heran.

Und ist das Werk vollendet,
so wird auch uns gespendet
ein Lohn für unsern Fleiß.
Dann zieh'n wir fort und bringen
die Äpfel heim und singen
dem Herbste Lob und Preis.

*August Heinrich
Hoffmann von Fallersleben*

*Erntedanktisch vor dem Apfelweg*

# Erntedank

# Erntedank – ein vergessenes Fest

Die Ernte wurde zu Zeiten des Sozialismus bei uns in der Uckermark zu einer „Kampagne zur verlustlosen Einbringung der Ernte". Es gab zwar Erntefeste, aber die waren nicht mehr mit dem Dank an Gott verbunden, sondern damit, die eigene Leistung und Kraft zu feiern.

Die SED gab auf dem Land die Losung aus: „Auch ohne Gott und Sonnenschein bringen wir die Ernte ein." Doch unter diese Slogans wurde mitunter gekritzelt: „Ohne Sonnenschein und Gott ist die ganze Ernte Schrott." Natürlich war das nicht gern gesehen. Als im Jahr 1975 Pfarrer Brüsewitz aus dem Burgenlandkreis mit einem Pferdefuhrwerk über Land fuhr, an dem er den Spruch „Ohne Regen, ohne Gott, geht die ganze Welt bankrott" angebracht hatte, wurde er von der Volkspolizei gestoppt. Was für ein mutiger Mann!

Glücklicherweise sind diese Zeiten vorbei und wir dürfen auch in den neuen Bundesländern wieder frei und ungestraft für Gottes Gaben und eine gute Ernte dankbar sein.

*Hochbetrieb in der Mosterei*

# Dankbarkeit bewahren, Segen empfangen

Am Erntedankfest wird mir jedes Jahr wieder neu klar, dass ich unverdient und reich gesegnet bin. Ich möchte mir diese Dankbarkeit erhalten, denn es ist ja nicht selbstverständlich, wenn ich Gutes in meinem Leben erlebe.

Dank und Dankbarkeit gegenüber Gott und den Menschen ist auch etwas, das ich „säen" kann. Ich glaube, dass immer etwas von dem, was ich aussäe, auch zu mir zurückkommt. Und selbst, wenn es das einmal nicht tut – muss ich immer etwas als „Gegenleistung" erhalten? Ich darf mir jedenfalls sicher sein, dass die Gaben, die ich verschenke, das, was ich an Materiellem, an Liebe und Zeit aussäe, vor Gott nicht vergessen sind. Er rechnet es einem hoch an. Davon war schon der Apostel Paulus überzeugt:

*„Wer aber viel sät, der wird auch viel ernten (…) Gott liebt den, der fröhlich gibt. Er wird euch dafür alles schenken, was ihr braucht, ja mehr als das. So werdet ihr nicht nur selbst genug haben, sondern auch noch anderen von eurem Überfluss weitergeben können"* (2.Kor. 9,6-8).

*Heuernte vor Haus Lichtenhain*

# Bauerngebet in der Ernte

Du großer Gott, dess' Hand die Erde hält,
Ohn' dess' Geheiß kein Spatz vom Dache fällt,

Der Wolken lenkt, daß sie wie Lämmer gehn,
Vor dem die Hagelwetter stille stehn,

Du fülltest alles Feld! Nun hat's nicht Not,
Du gabst uns gnädig unser täglich Brot.

Und gabst Gedeih'n und mehrest alles Gut,
Gabst hellen Blick und fröhlich frisches Blut.

Gesunde Kraft, daß sich die Sense regt
Und Schwad' zu Schwaden rüstig niederlegt.

Wend' Feuerswut von Scheuern, Stall und Haus
Und lösche Feindschaft, wo sie glimmet, aus.

Gebeut den Fluten, wenn sie donnernd drohn,
Scheuch' sie zurück, und brächen Dämme schon.

Gib Hoffnung, die nicht wankt, und die nicht bricht,
Sei du der Herzen ganz gewisses Licht.

Dein Segen sei mit uns, daß wir dein wert,
Daß vatergleich dich Herz und Mund verehrt.

Daß Dank wie Opferrauch sich zu dir hebt,
Der Ernten Herr und dessen, das da lebt.

Gustav Schüler

# Beginn der Jagdzeit

Sobald die Felder im Herbst abgeerntet sind, beginnt die Jagdzeit. Das Wild ist jetzt viel besser zu sehen und so zieht es vor allem die Männer hinaus in die freie Natur und auf die Hochsitze. Auf dem Land spielt das Thema Jagd für viele eine wichtige Rolle und die Jagdsaison erstreckt sich meist über den ganzen Winter.

Dadurch, dass auch Michael ein (oft gemäßigter, aber manchmal auch ein sehr begeisterter) Jäger ist, finde selbst ich mich hin und wieder auf einem Hochsitz ein – obwohl ich mich eigentlich nicht sonderlich für das Jagen begeistern kann. Aber es ist es mir wichtig, die Welt auch einmal mit Michaels Augen zu sehen. Ich möchte teilhaben an dem, was ihm wichtig ist. Auf dem Hochsitz haben wir – wenn es nicht gerade zu viele stechlustige Mücken gibt – Zeit für Gespräche, können aber auch einfach zusammen schweigen. Und ich habe zur Sicherheit immer ein Buch und ein Butterbrot in der Tasche, falls es mal wieder länger dauert.

Natürlich muss das Fleisch hinterher auch verwertet werden. Das Aus-der-Decke-Schlagen und Zerlegen überlassen wir aber inzwischen einem Schlachter. Zwar wüsste ich notfalls, wie es geht, weil ich oft genug zugesehen habe, aber ich bin sehr dankbar, dass ich das, anders als Katharina, nicht selbst machen muss.

Auch in den 1920er-/1930er-Jahren waren die Monate Oktober bis Mitte Januar geprägt von der Jagd – und vom Schlachten. Während Katharina mit Freude an die feierlichen Abendessen an den Jagdtagen zurückdachte, erfüllte sie der Gedanke an das Schlachten mit Grauen. Denn damals galt es ja nicht nur, das erlegte Wild zu zerlegen, sondern auch die eigens dafür gezüchteten Gänse und Schweine.

Und wenn ich ihre Schilderung dieses Vorgangs lese, bin ich doppelt dankbar, dass jetzt vieles einfacher ist.

### *Jagdgesellschaften*

*Im weiteren Verlauf des Oktober und bis Mitte Januar hin folgten nun überall die Niederwild- und Hochwildjagden. In unserer Nachbarschaft kamen die Einladungen aus Boitzenburg, Mellenau, Netzow, Lützlow, Züsedom, Suckow, Schönermark, Groß Sperrenwalde und dann für unseren Vater dazwischen natürlich noch zu Gütern nach Vor- und Hinterpommern. (...)*

*Jeweils um 19 Uhr begann an den Jagdtagen das festliche Abendessen im Saal – in Frack und Abendkleid –, zu dem die Damen inzwischen nachgekommen waren. Man versammelte sich bei uns im Gartensaal in fröhlicher Stimmung, dann öffneten sich die Flügeltüren, und die festliche Tafel unter dem großen Kronleuchter bot ein einladendes Bild.*

*Als wir Geschwister noch zu jung zum Mitessen waren, bekamen wir von den dienstbaren Geistern unser Abendessen (die Reste des Jagddiners) im Herrenzimmer serviert.*

*Die ungewohnte Umgebung für eine Mahlzeit, die ganze prickelnde Hochstimmung im Haus ließ uns auch im kleinen Kreis höchst vergnügt sein. Und zum Eis durften wir „hereinkommen". Man sagte dann hie und da Guten Tag, wurde freundlich beachtet, bekam von unserem Vater etwas Eis und wartete nur auf den Moment, als sich alle erhoben und wieder in den Gartensaal und den grauen Salon gingen. Dann fielen wir über die Konfektschalen und das feine Gebäck her und wohl auch hin und wieder über die nicht ausgetrunkenen Gläser. Man durfte dann noch zum Mokka Zucker und Sahne herumreichen. Damit war für uns Kleine der Tag beendet.*

*Am Geburtstag unserer Mutter, dem 14. November, fand meistens unsere Hochwildjagd statt.*

*Kröchlendorff: Eingang zum Park und Interieur*

130

## Schlachttage

*Wenn der November kalt genug war, begann die Serie der Schlachttage; mit den Gänsen fing es an. Das war ein appetitliches Geschäft und überschaubarer als die großen Massen bei den Schweinen! Beim Töten und Rupfen brauchte ich meist nicht dabei zu sein; das war die Domäne bestimmter Frauen aus dem Dorf, die das in Perfektion konnten. Denn das Rupfen sah ganz einfach aus und ging den Geübten flott von der Hand, aber jeder Anfänger saß viermal so lange an einer Gans und hatte doch die Haut oft eingerissen. (...)*

*Waren die Gänse von ihrem Federkleid befreit, so wurden sie vorsichtig über Spiritusflammen abgesengt, kräftig mit Sägemehl abgerieben, gründlich mit Wasser und Bürste gewaschen und über Nacht am Hals in einem kühlen Raum aufgehängt. Am nächsten Morgen wurden sie ausgeschlachtet. Unsere Mutter war natürlich stets das Haupt der helfenden Hände, wir saßen alle um einen großen Tisch im Keller des Wirtschaftshauses. Der Fußboden war dick mit Stroh aufgeschüttet, so daß man nicht zu kalte Füße bekam, und unter der weißen Kleiderschürze hatte man sich im Zwiebelschalensystem alles Warme übereinander gezogen. Jeder hatte eine kalte, steife Gans vor sich, öffnete den Hinterleib mit scharfem, vorsichtigem Schnitt und holte alles mit gekonntem Griff heraus, was die Natur dort vorgesehen hatte. Zunächst war da eine große Menge Flomfett, in dem Magen, Galle, Leber und Därme eingebettet waren. Nun mußte man vorsichtig sein, um die Galle von der Leber zu trennen, damit sie nicht platzte und später nichts bitter schmeckte. Das Flomfett wurde gesondert aufgehoben, ebenso gesondert das Fett, das die Därme umgab. Der Magen mußte geöffnet und die Speisereste daraus entfernt werden und die dicke Haut abgezogen, dann wurde er zum Räuchern beiseite gelegt. Durch das Räuchern wurde er hart und trocken und diente später, klein gerieben, als schmackhafte Zugabe zu Nudel- und Makkaronigerichten. Die Leber wurde entweder in den nächsten Tagen frisch gebraten verzehrt oder zu feiner Gänseleberwurst in die Haut des Halses gesteckt. Nun drehte man das Tier mit dem Hals zu sich, um die Spickbrust mit kleinem, scharfem Schnitt vom Brustbein zu lösen. Das mußte gelernt sein, damit auch an allen Kanten genug der weißlich gelben Haut stehen blieb, um zusammengeklappt als Spickbrust genäht werden zu können.*

*Etwas ganz anderes war die Schweineschlächterei. (...) Wieder saßen wir Frauen um den großen Tisch herum, lösten das Fleisch von den Knochen, und schnitten es in lange Streifen oder grobe Stücke. Am Kopf des Tisches stand unsere Mutter und bediente die elektrische Wurstmaschine, seitdem wir den Strom hatten. Davor mußte ein Mann immerfort das Schwungrad des großen Fleischwolfes drehen. Nach abgewogenen Rezepten wurden die Wurstmassen mit den Gewürzen und Fettanteilen kräftig in den Holzwannen gemischt.*

Die Leber wurde roh, oft noch mit weiteren, dazugekauften Lebern, fein durchgedreht und nach dem richtigen Verhältnis mit den anderen Zutaten locker in die Därme gestopft. Die Blutwurstmasse bestand aus dem Schweineblut, Fettstückchen (nicht zu grob geschnitten), der Zunge resp. großen Stücken davon und anderen Fleischteilen und kam in die dicken Darmstücke. Aus Pfoten, Schnauze und Ohren – alles weich gekocht und durch den Wolf gelassen, mit Wurstbrühe in die Blase gefüllt, vorher säuerlich abgeschmeckt – entstand der sogenannte „Preßkopf". Diese drei letzten Kochwurstsorten wanderten wieder in den Siede-kessel und mussten zwei Stunden lang vorsichtig – damit sie nicht platzten – garziehen.

Tee-, Mett- und harte Würste stopften wir in gekaufte Därme. Dazu wurde vor den Fleisch-wolf ein entsprechend dickes Rohr montiert, das dem Durchmesser der Därme entsprach. Einer bediente den Wolf, einer stand daneben und band ab, wobei mit einer Wurstspeiler ab und zu auch in die Wurst gestochen wurde, um Luft herauszulassen. Gutes Stopfen wollte gekonnt sein. Davon hing der spätere Geschmack und vor allem die Haltbarkeit ab. Je zehn Würste hängten wir an den Fadenschlaufen über Stangen. Es wurden dann sicher oft zehn bis fünfzehn Stangen, die nach vierzehn Tagen Abtrocknen in die Räucherkammer heraufgetragen und dort an der Decke aufgehängt werden mußten. Die Keulen wurden zu Schinken verarbeitet, ebenso kamen alle Knochenreste und fleischigen Rippen in große Holzbottiche, in denen eine Pökellauge vorbereitet war. (...)

Wenn ich das so aufzähle und an die fertigen Produkte denke, klingt das alles ganz einfach und mühelos – aber seitdem ich mithelfen mußte, etwa seit meinem 16. Lebensjahr, habe ich die Schweineschlächtereien, die sich ja zwei- bis dreimal jeden Winter wiederholten, gehaßt! Es roch so fettig, alles was man anfaßte, war glitschig von Fett, der Kesseldampf vernebelte den kalten Kellerraum, der Tag von morgens um 8 Uhr bis zum Abendessen schlug mir einfach über dem Kopf zusammen.

*Klosterruine Boitzenburg*

# Winter

Bei Flemsdorf

# Noch ist Herbst nicht ganz entflohn

Noch ist Herbst nicht ganz entflohn,
Aber als Knecht Ruprecht schon
Kommt der Winter hergeschritten,
Und alsbald aus Schnees Mitten
Klingt des Schlittenglöckleins Ton.

Und was jüngst noch, fern und nah,
Bunt auf uns herniedersah,
Weiß sind Türme, Dächer, Zweige,
Und das Jahr geht auf die Neige,
Und das schönste Fest ist da.

Tag du der Geburt des Herrn,
Heute bist du uns noch fern,
Aber Tannen, Engel, Fahnen
Lassen uns den Tag schon ahnen,
Und wir sehen schon den Stern.

*Theodor Fontane*

# Die Uckermark im Winter

Die Uckermark ist im Winter wie eine Insel. Die Touristen und Feriengäste haben sich verabschiedet. Wenn ich durch die Gegend fahre, kenne ich fast jedes Auto, das mir entgegenkommt. Es wird richtig still bei uns, denn auch die Vögel sind längst gen Süden gezogen. Gut, dass es das Internet gibt, über das wir mit dem Rest der Welt verbunden sind und das uns auch in dieser Zeit mit Aufträgen versorgt.

# Mein „virtueller" Laden

Ohne das Internet könnten wir heute auf dem Land wahrscheinlich sehr schwer existieren. Mein „virtueller" Laden ist die Internetseite. Dort können Kunden von weit her in aller Ruhe einkaufen. Die Bestellungen werden dann im Packraum gepackt und verschickt.

Der wichtigste Moment des Tages ist, wenn unser netter DPD-Fahrer alles abholt und das meiste wie durch ein Wunder am nächsten oder spätestens am übernächsten Tag bei unseren Kunden landet. Ich habe höchste Achtung vor dieser einsamen Knochenarbeit, seit ich in Berlin manchmal selbst unsere Ware ausgefahren habe.

Petra Gennrich

Ines Hensch

Daniel Haedke

# Es weihnachtet sehr

Nach der Apfelernte im September und Oktober beginnt hier bei uns in Lichtenhain im November im Prinzip sofort das Weihnachtsgeschäft. An die Firmen werden Angebote für Weihnachtspräsente geschickt. Erste Gespräche, was in welches Präsent kommen darf und wie viele Präsente gepackt werden dürfen, werden geführt. Manche Firmen schicken uns ihre Adresslisten und wir machen auch die Weihnachtskarten und alles andere, was benötigt wird, fertig. Manchmal wird auch etwas zu Nikolaus gewünscht. Firmen, in denen überwiegend Frauen arbeiten, ordern oft eher viele kleine Sachen in einem Präsent. Dafür haben wir extra Apfeldelikatessen im Miniaturformat entwickelt …

Weihnachten spielt eigentlich das ganze Jahr über eine Rolle in Lichtenhain, weil wir das ganze Jahr über Plätzchen backen. Kunden, die in den Laden kommen, sagen oft, es sei ja alles so weihnachtlich bei uns. Vielleicht auch durch die Farben rot-grün …

# Wundervolle Arnim-Thaler

Eine der Plätzchensorten, die wir das ganze Jahr hindurch backen, sind die Arnim-Thaler. Sie sind auf einem bunten Weihnachtsteller meiner Schwiegermutter bei uns gelandet und waren aus dem großen Angebot immer als Erstes weg: Eines Tages kam ich auf die Idee, diese Plätzchen ins Programm aufzunehmen. Ich ging mit einem Teller voll zu meinem Mann und fragte ihn, was er davon halte. „Oh, die Guten!", war seine Antwort. Und ob Sie es glauben oder nicht: Dann haben wir kurz gebetet, wie wir diese Plätzchen denn nun nennen sollten. „Die sehen aus wie Taler", meinte mein Mann, „und rot-weiß sind sie – das sind ja unsere Wappenfarben. Wir nennen sie Arnim-Thaler." Das war ein Geistesblitz aus heiterem Himmel. Wir fanden das beide gut und kurz darauf konnte es losgehen. 420 Stück backt eine Frau pro Tag. Die Thaler gehen inzwischen in die diversen Geschäfte, die wir mit unseren „Haus-Lichtenhain"-Produkten beliefern, und es sind einige Varianten entstanden. Die Arnim-Thaler in Herzform sind zum Beispiel besonders beliebt bei Hochzeiten. Für mich ist dieses Plätzchen ein Wunder, weil seine Entstehungsgeschichte zeigt, dass Gott nicht nur die schwierigen Dinge benutzt, sondern ganz oft auch so banale wie Plätzchen, um etwas in Gang zu bringen. Es war für mich allerdings fast eine Doktorarbeit, die richtige Verpackung zu finden, da diese für den Versand ja halbwegs bruchsicher sein muss.

# Weihnachtsbäckerei

Gerade im November und Dezember geht es also in unserer Betriebsküche hoch her. Wie am Fließband, aber doch liebevoll von Hand, wird an fünf bis sechs Tagen pro Woche gebacken, was das Zeug hält. Nicht nur Arnim-Thaler entstehen hier, sondern neben vielen anderen Produkten auch Apfel-Dukaten mit Marzipan, Apfel-Mandel-Plätzchen, Apfellebkuchen und als neuere Kreation auch Apfel-Geleewürfel.

Auch in Katharinas Kindheit wurde in der Vorweihnachtszeit viel gebacken. Zwar nicht für den Verkauf, aber doch auch nicht nur für den Eigenbedarf. Katharina erinnerte sich daran, dass sie waschkörbeweise gebacken haben – „für die Dorfkinderbescherung und die Frauen und Hausangestellten und den Burschentisch". Und auch zu ihrer Zeit wurden die Köstlichkeiten bereits als Paket verschickt.

*Ob das schon der millionste Arnim-Thaler ist, den Paula gerade macht?*

*Anfang Dezember wurde es Zeit, die Christstollen zu backen. Ebenso wie bei vielen Pfefferku-chenrezepten entwickelte sich auch bei ihm erst nach und nach das wunderbare Aroma. Und Zutaten gehörten so viele hinein, daß er ein wahrer „Flüsterstollen" wurde (bei ihm brauchten die Rosinen nicht zu schreien um sich zu verständigen, sondern saßen so dicht im Teig, daß sie nur zu flüstern brauchten!). So waren es insgesamt doppelt so viele Mandeln, Rosinen, Zitronat und Orangeade wie Mehl, natürlich auf Hefebasis. Aber auch Pfefferkuchen wurden in Mengen gebacken, denn nicht nur die eigene Familie war groß und hatte einen gesegneten Festtagsappetit, sondern es gingen vor Weihnachten auch viele Pakete an Stadtverwandte und Freunde. Die französischen Pfefferkuchen waren besonders beliebt auf den „Bunten Tellern", knusprig, ein wenig zäh, aber typisch durch den Honiggeschmack in Vermischung mit Nelken und Cardamom. Dazu dicke Pfefferkuchen, die auf ganzen Blechen gebacken wurden, mit Mandeln belegt oder mit Zuckerguß bestrichen. Für uns größere Geschwister im Ersten Welt-krieg war ein Höhepunkt, wenn unser Backtag gekommen war. Mit Riesenschürzen angetan, durften wir am großen Küchentisch einen Kloß Teig selber bearbeiten, mit Hilfe der Mamsell in einen der beiden breiten Bratöfen rechts und links neben der Feuerung schieben und später allein darüber verfügen! Ich sehe uns noch Würste drehen, Vogelnester, Weihnachtsmänner, Brezeln und Phantasieformen machen und immer zum Bruder nebenan gucken, ob dem noch etwas Besseres an Formgestaltung eingefallen sei. Es war ein herrliches Vergnügen. Aber dann kam die Bäckerei für die Dorfkinderbescherung und die Frauen und Hausangestellten und den Burschentisch. Also Waschkörbe-weise! Der Sirupteig wurde auch im Inspektorhaus in der Brotbackstube hergerichtet, und dann brauchten viele Hände viel Zeit, um Pfeffernüsse zu ma-chen: lange Teigwürste, ca. zwei cm Durchmesser, schnell in entsprechende Längen geschnitten, auf die großen Backbleche gelegt und wenn fünf bis sechs Bleche voll waren, rein damit in den Backofen, der noch heiß genug war vom Brotbacken am Morgen. Die fertigen Bleche wurden dann gleich in die mit Laken ausgelegten Waschkörbe geschüttet und kühlten ab, bis die nächs-ten fertig waren. Manchmal machten wir nach Pappschablonen auch große Herzen, auf die dann später noch mit Zuckerguss die Namen der Kinder geschrieben wurden. Das war nicht so eintönig und machte Spaß. Gegen die Schweineschlächterei war die Bäckerei in der warmen Backstube, wo nichts schmierte und unangenehm nach Fett roch, eine Wohltat!*

# Apfel-Weihnachtsmarmelade

400 g Apfelstücke von geschälten Äpfeln

500 g reiner Orangensaft

300 g Zucker

½ TL Zitronensäure

300 g gemahlene Hasel- oder Walnüsse oder gemahlene Mandeln

1 TL Zimt

1 Beutel Gelfix 1:3

Orangenlikör nach Belieben

Alles 4 Minuten sprudelnd kochen lassen, dann die Nüsse zufügen und in ausgespülte, noch heiße Gläser füllen. Nach dem Öffnen zügig verbrauchen.

# Mein Wunschzettel

Als Kind habe ich jedes Jahr mit Hingabe Wunschzettel geschrieben. Meine Mutter hatte diese alle aufbewahrt. Als ich sie Jahre später wieder einmal in die Hände bekam, war es interessant zu sehen, wie sich meine Wünsche im Laufe der Jahre verändert hatten. Mal stand fast gar nichts drauf, dann wieder ganz viel, und manchmal ging es gar um menschliche Beziehungen, die man eben nicht kaufen kann …

Auch heute habe ich noch Wünsche und Träume. Und auch heute sind es noch teilweise ganz praktische Dinge, die ich mir wünsche (für die habe ich eine Liste), und teilweise solche, die es nicht für Geld zu kaufen gibt.

Doch wovon ich in meinem tiefsten Inneren träume, lässt sich mit einem Wort zusammenfassen: Leben. Leben und noch mal Leben. Mit Leben ist Freude verbunden.

Ich träume von einer Sozialfabrik und von Firmen. Ich träume davon, dass Menschen in die Uckermark kommen und hier leben, ich träume generell von mehr Leben im ländlichen Raum. Es kann doch nicht sein, dass hier so wenig in Schwung kommt, so schön, wie es hier ist! Gott sagt in der Bibel, dass er die Wüste zu Wasserstellen machen will. Es ist also möglich. Ich glaube an einen Gott der Wunder und so glaube ich, dass auch in der Uckermark Wunder passieren können. Die Region um Prenzlau war früher einmal eine richtig reiche Gegend. Warum sollte sie nicht wieder erblühen können? Gott kann das schenken.

Unsere Aufgabe dabei ist es, Freude zu verbreiten. Lebensfreude.

# Tipps für eine besinnliche Adventszeit

Wie bewahrt man sich in der hektischen Adventszeit Lebensfreude? Wie kann man die Vorweihnachtszeit besinnlich gestalten – trotz all des Trubels? Ich habe die Erfahrung gemacht, dass feste Rituale auch hierbei helfen. So veranstalte ich mit meinen Mitarbeiterinnen in der Vorweihnachtszeit jeden Nachmittag ein Adventskaffeetrinken.

Obwohl oder besser gerade weil das bei uns eine so arbeitsintensive Phase ist, nehmen wir uns die Zeit, uns in Ruhe zusammenzusetzen, einen besinnlichen Text zu lesen, eine Tasse Tee oder Kaffee zu trinken und jeden Tag etwas Neues zu probieren. Irgendeine verrückte Delikatesse, die ich beim Einkaufen entdeckt oder aus Berlin mitgebracht habe. Oder wir trinken uns durch verschiedene ausgefallene Teesorten. Ich versuche immer etwas Besonderes für die Frauen zu haben. Auch bei unserer Weihnachtsfeier am letzten Arbeitstag vor Weihnachten. Einmal gab es sogar Sushi. Manchmal sind es aber auch ganz einfache Dinge, wie eine Scheibe Honigkuchen mit Butter darauf, mit denen ich unseren Mitarbeiterinnen eine Freude machen kann.

*Der Adventskranz im Lichtenhainer Wohnzimmer*

*Winterwald bei Prenzlau*

# Macht hoch die Tür, die Tor macht weit

Ich singe in der Adventszeit sehr gern. Da meine Mitarbeiterinnen das nicht so sehr mögen, verzichten wir bei unserem Adventskaffeetrinken darauf, aber bei der letzten Weihnachtsfeier haben wir tatsächlich eine ganze Weile zusammen gesungen. Noch heute ist das bei uns im Betrieb Gesprächsthema und wir denken gern daran zurück. Eines meiner Lieblingslieder ist:

*Macht hoch die Tür', die Tor' macht weit,*
*es kommt der Herr der Herrlichkeit,*
*ein König aller Königreich';*
*ein Heiland aller Welt zugleich,*
*der Heil und Segen mit sich bringt;*
*derhalben jauchzt, mit Freuden singt:*
*Gelobet sei mein Gott,*
*mein Schöpfer reich von Rat.*

*Er ist gerecht, ein Helfer wert,*
*Sanftmütigkeit ist sein Gefährt,*
*sein Königskron' ist Heiligkeit,*
*sein Zepter ist Barmherzigkeit;*
*all uns're Not zum End' er bringt,*
*derhalben jauchzt, mit Freuden singt:*
*Gelobet sei mein Gott,*
*mein Heiland groß von Tat.*

*O wohl dem Land, o wohl der Stadt,*
*so diesen König bei sich hat!*
*Wohl allen Herzen insgemein,*
*da dieser König ziehet ein!*
*Er ist die rechte Freudensonn',*
*bringt mit sich lauter Freud' und Wonn'.*
*Gelobet sei mein Gott,*
*mein Tröster früh und spat.*

*Macht hoch die Tür', die Tor' macht weit,*
*eu'r Herz zum Tempel zubereit't.*
*Die Zweiglein der Gottseligkeit*
*steckt auf mit Andacht, Lust und Freud';*
*so kommt der König auch zu euch,*
*ja Heil und Leben mit zugleich.*
*Gelobet sei mein Gott,*
*voll Rat, voll Tat, voll Gnad'.*

Georg Weissel

# Dekoidee Adventszeit

## Materialien:

- 1 Würfel Blumensteckschaum

- Tannengrün, Koniferenzweige oder andere immergrüne Gewächse (sehr kurz)

- kleine Äpfel, Zapfen, Nüsse, Schleifenband etc.

- Holzstäbe als Verbindung zwischen dem Deko-Material und dem Steckschaum

- eine kleine Stumpenkerze

- Tülle oder Draht zum Befestigen der Kerze

- feste Unterlage ( Teller etc.)

Den Steckschaum (auch Steckmoos genannt: rechteckige Blöcke, im Blumen- oder Bastelladen erhältlich. Kein Styropor, das ist zu hart) hochkant, nach oben etwas spitz zuschneiden. Die obere Fläche muss so groß bleiben wie der Durchmesser der Kerze. Zweige von unten nach oben in den Steckschaum stecken, sodass das Ganze die Form einer Pyramide bekommt. Die meisten Nadelzweige sind stabil genug, um sie direkt in den Steckschaum zu stecken, Länge max. 10 cm. Je weiter oben man sie einsteckt, desto kürzer sollten sie werden. Dann mit den Äpfeln und den anderen Materialien gleichmäßig verzieren. Dazu in die Äpfel dünne Stäbe stecken – z. B. Schaschlikspieße – auch 10 cm lang. Alle anderen Materialien mit Heißkleber an einem Holzstab befestigen und diesen an der gewünschten Stelle platzieren. Zuletzt kommt die Kerze. Diese auch mit einem Holzstab oder, je nach Härte, mit einem erwärmten Draht von unten anstechen und damit im Schaum verankern. Noch besser ist eine passende Kerzentülle (gibt es für Adventskränze auch zum Einstechen).

# Weihnachten

# Anderen eine Freude machen

Auch und gerade in der Weihnachtszeit müssen unser Hofladen in Lichtenhain und andere geschäftliche Dinge am Laufen gehalten werden. Dennoch nehme ich mir die Zeit, um unsere Weihnachtsbriefe zu schreiben, für die ich schon das ganze Jahr hindurch kleine, interessante und lustige Episoden sammle. Ich kümmere mich um die Präsente für unsere Mitarbeiter und suche schöne Geschenke für unsere Patenkinder aus.

In Katharinas Kindheit nahm die „Bescherung" sehr große Ausmaße an. In Kröchlendorff begannen schon lange vor Weihnachten die Vorbereitungen dafür, den Dorfkindern und Dorffrauen an Weihnachten eine nützliche Freude machen zu können. In den kargen Zeiten nach dem Ersten Weltkrieg waren Kleidung und Lebensmittel besonders willkommen.

Die Vorbereitungen für die Dorfkinderbescherung begannen manchmal schon im Sommer. Da kam eine sehr geliebte, vertraute Hausschneiderin aus Bernau bei Berlin, die früher einmal Kindermädchen bei uns gewesen war, und schneiderte aus alten Sachen Maßkleidung für die Dorfkinder, das heißt jedes bekam ein Stück. Aus ausgewachsenen Sachen von uns machte sie kleine Kleider oder Hosen, die Kinder wurden namentlich „ins Schloß" gebeten und mußten mit verbundenen Augen einmal anprobieren. Karierte Kleidchen bekamen noch weiße Kragen, Mäntel und Jacken entstanden – es war wie in einer Heinzelmännchenwerkstatt. Diese Aktion ist wohl zwei oder drei mal gemacht worden. Einmal bekamen die Mädchen von zehn Jahren aufwärts jedes einen Nähkasten, den zu füllen und auszustaffieren mir großen Spaß machte.

Ich muß noch erwähnen, daß es ja insgesamt nur ungefähr 25 Kinder waren. Die Jungens bekamen Kalender und kräftige Taschenmesser, die allerkleinsten Spielsachen oder auch Kleidung. Die Konfirmanden – manchmal drei oder fünf – bekamen immer ein Gesangbuch und alle natürlich Pfefferkuchen und Äpfel. Die Frauen, die im Garten oder Haus regelmäßig oder bei Bedarf zur Arbeit und Hilfe kamen, bekamen, meistens je nach geleisteter Stundenzahl zusätzlich soundsoviel Meter Stoff, mal für Schürzen, mal für Bettwäsche oder derbe Röcke. Das musste alles nach der Liste genau abgemessen und geschnitten werden und hübsch mit Band verziert. Die Dorfkinder- und Frauenbescherung fand zu meiner Kinderzeit in der Halle statt. Später – gleich nach dem Kriege – hatte mein Vater aus einem Fohlenstall einen Gutssaal gebaut, wo dann die Erntefeste, Weihnachtsfeiern, Versammlungen, etc. stattfanden. (…)

Die Tage davor (vor dem Weihnachtsfest) waren trotz aller gespannter Erwartung mit Vorbereitungen gefüllt, die vor allem den Bescherungen der Hausleute und der Dorfbescherung galten. Bei allen Spielsachen wurde noch einmal kontrolliert, ob auch kein Kind auf der Liste, die der Dorfschullehrer unserer Einklässlerschule uns

*abgegeben hatte, leer ausginge, kein Kleinkind oder Baby übersehen war. Die war-*
*men Winterschuhe für die Weiblichkeit mußten nach Größe sortiert, die praktischen*
*Scheren mit eingraviertem Namen auf den richtigen Platz gelegt, die bunten Teller*
*gefüllt werden. (…)*

*Die Bescherung der Kinder und Frauen fand, glaube ich, am ersten Feiertag statt. Es*
*war wirklich hübsch und festlich geworden, und der Saal war voll, denn Eltern und*
*Großeltern der beschenkten Kinder kamen natürlich alle mit zum Gucken. Mein*
*Vater sprach einige Worte, dann wurden die bekanntesten Lieder gesungen und dann*
*sagte jedes Kind, an seinem Platz stehend, ein Gedicht vor versammelter Gemeinde*
*auf, wahrhaftig eine Mutprobe, und die meisten bestanden sie hervorragend.*

*Weihnachtsbäume in Schloss Kröchlendorff*

# Das Weihnachtsfest gestalten

Mein Mann Michael und ich feiern das Weihnachtsfest anders, als es auf Gut Kröchlendorff üblich war. Wir sind ja nur zu zweit, aber auch das will gelebt und gestaltet werden. Wir versuchen, uns den Heiligen Abend richtig schön zu machen und kochen etwas Besonderes, möglichst jedes Jahr etwas anderes. Nach dem Essen räumen wir gemeinsam auf und bereiten unsere kleine Bescherung vor. Wir haben keinen Weihnachtsbaum, unter den wir unsere Geschenke legen, aber der große grüne Adventskranz, der mit bunten Schleifen versehen ist, hängt noch über unserem Esstisch von der Decke.

Am ersten Weihnachtstag schlafen wir erst einmal richtig aus, weil wir von der arbeitsintensiven Weihnachtszeit so erschöpft sind. Dann gehen wir in den Gottesdienst. Am zweiten Weihnachtstag hatten wir im vergangenen Jahr unsere Gemeinde zu uns nach Hause eingeladen. Viele hatten einen musikalischen Beitrag mitgebracht. Die Großfamilie besuchen wir nicht über die Weihnachtsfeiertage, sondern an einem anderen Termin.

In einem großen Haushalt und einer vielköpfigen Familie wie der von Katharinas Eltern musste das Weihnachtsfest natürlich noch ganz anders organisiert und gestaltet werden. Vor allem galt es, die Räumlichkeiten zu schmücken, die Lichter an den Weihnachtsbäumen in der Dorfkirche anzubringen und am Heiligen Abend ganz selbstverständlich gemeinsam als Familie in den Gottesdienst zu gehen. Je näher es dann auf die Bescherung zuging, desto ungeduldiger wurden die Kinder. Das war zu Katharinas Kinderzeiten nicht anders, als es heute noch ist. Die Jüngsten in Kröchlendorff zeigten sich fast entrüstet, dass die Erwachsenen es „wagten", nach dem Kirchgang noch in Ruhe Stollen zu essen und Tee zu trinken!

Am Tag vor Weihnachten waren noch die Tannenbäume im Saal zu schmücken. Da es dort eine große Nische gab, war eine Weihnachtsbaumgruppe bei uns üblich. Ein höherer Baum in der Mitte und zwei etwas kleinere seitlich etwas davor. An diesem Tage waren auch die beiden großen Brüder Hans-Karl und Detlev schon aus den Internaten in die Ferien gekommen, später dann auch Albrecht und Herbert, so daß ich in Glück schwamm, die Brüder wieder beisammen zu haben, und so putzten wir alle gemeinsam die Bäume unter Mitwirkung und Anleitung unserer Mutter. Es kamen da viele von ihr selbst gemachte goldene Papiersterne an die Zweige, viele Lichter, goldene Glitzerketten, die sich in schönen Schwüngen von einem Baum zum anderen legen lassen mußten und zum Schluß das Lametta, welches mühsam aufzuhängen war in der vorgeschriebenen fein verteilten Form. Wenn wir dann endlich fertig waren, hieß es so Kinder, nun muß noch der Baum im Gutssaal und die zwei Bäume in der Kirche geschmückt und mit Lichtern besteckt werden! Da war unser Schwung oft schon zu Ende – aber was half es! Als ich etwas größer war, etwa vierzehn bis sechzehn Jahre alt, war Albrecht, der Gutmütige, oft noch meine einzige Hilfe. An die Kirchenbäume kamen natürlich nur Kerzen, und manchmal trat ich danach noch die eiskalten Bälge der Orgel, und Albrecht spielte versonnen einige Weihnachtslieder. (…)

Am 24. Dezember war um 16 Uhr Kirche. Der Pastor kam aus Kuhz wie immer. Nie war die Kirche geheizt; vorher trug der Diener Fußsäcke in den Patronatsstand und Decken auf die vorderen Sitzbänke. Man mußte sich warm anziehen, und der Atem blies im Kerzenschein sichtbar beim Singen von den Lippen. Wenn mir als kleines Mädchen die Predigt zu langweilig war, war das Anhalten und stoßweise Ausatmen immer ein schöner Zeitvertreib. Oder man blinzelte mit den Augen, so daß die Lichter an den Bäumen ihre Strahlen zu einem Kranz schoben. Die Spannung bis zur Bescherung war ja kaum zu ertragen. Endlich sangen alle stehend „Oh, du fröhliche ...“ und damit war es geschafft. (…)

*Wie gemütlich die Erwachsenen noch ihren Tee tranken und den Stollen probierten! Aber endlich, endlich war es so weit. Wir versammelten uns alle im Gartensaal (es waren ja häufig noch eine Hauslehrerin, eine von den Sekretärinnen unseres Vaters oder Verwandtengäste anwesend), dann machte unsere Mutter die Türen auf. Gesungen wurde nicht mehr, die Eltern sagten, wir hätten ja eben alle bekannten Lieder in der Kirche gesungen. Jeder fand schnell seinen Tisch. Meiner war immer gleich rechts neben der Flügeltür. Die Eltern hatten am Kopfende des Saales den ihren, die Brüder zwischen den Fenstern und einer vor der Tür zur Bibliothek, wo auch der Webstuhl so lange hingebracht worden war. Links neben der Flügeltür hatte immer die Kinderpflegerin oder die Erzieherin ihren Tisch. Wir wurden nicht üppig beschenkt, teils praktische Dinge, einen Kalender, und die Erfüllung kleiner, dem Alter entsprechender Wünsche. Dann kamen die Gedichte. Mit viel Mühen hatten wir sie auf Festbogen zu Papier gebracht, meine ersten natürlich auf Doppellinien. (…) Nach dem Abendessen spielten wir alle zusammen Gesellschaftsspiele, und so wurde es oft noch sehr lebhaft und vergnügt nach all der Feierlichkeit.*

*Katharina als Täufling auf dem Schoß der Mutter   … und Jahre später im Kreis ihrer Brüder*

# Weihnachtsmenü

## Vorspeise

### Schnelle Kürbissuppe

| | |
|---|---|
| *1 Glas Kürbispüree* | *Gekörnte Gemüsebrühe* |
| *1 Becher Schlagsahne* | *Petersilie* |

Ein Glas Kürbispüree (aus dem Bioladen) mit 200 ml Schlagsahne verrühren. Mit gekörnter Gemüsebrühe abschmecken, erhitzen und anschließend mit etwas Petersilie dekorieren. *Fertig!*

Alternative: Man kann auch zwei Dosen Mais pürieren und einen Becher Sahne hinzufügen. Auch diese Mischung mit gekörnter Gemüsebrühe abschmecken, dekorieren und fertig. Da die Wildschweine ja so gerne im Mais sind, bestünde immerhin ein Zusammenhang mit dem Hauptgang …

# Hauptgang

## Wildschweinrücken mit Rotkohl und Kartoffeln

*1 Wildschweinrücken*

*1 Glas Rotkohl*

*1 Glas Kirschen*

*Eine Handvoll Datteln*

*Kartoffeln*

*1 Becher Sahne*

*1 Tüte Jägersoße*

*Gekörnte Gemüsebrühe*

*1 Tüte Apfelchips*

*Apfelkraut oder Zuckercouleur zum Bräunen der Soße*

Den Wildschweinrücken mit etwas Wasser im Bräter im Ofen bei 225° ca. 3 Stunden braten. Nach 2,5 Stunden Deckel abnehmen und nachbräunen lassen. Fleisch aus dem Bräter nehmen, etwas abkühlen lassen und mit den Händen von den Knochen lösen. Das Fleisch ist noch nicht gar, wenn es sich nicht ablösen lässt.

Den Bratensud mit einem Becher Sahne und ebenso viel Wasser ablöschen und mit der Jägersoße andicken. Die in der Tüte kleingedrückten Apfelchips zufügen und quellen lassen. ½ – 1 TL gekörnte Gemüsebrühe einrühren, abschmecken und fertig.

Der Clou ist die Soße. Man kann sie nachbräunen, indem man Apfelkraut oder Zuckercouleur hinzufügt oder den Sud herunterköchelt und dann erst mit der Sahne ablöscht. Um an Weihnachten nicht so viel Bratengeruch in der Küche zu haben, mache ich alles am Vortag fertig.

Das Glas Rotkohl mit den abgetropften Kirschen und den kleingeschnittenen Datteln erhitzen. Dazu Kartoffeln. Zu Wildschwein passt am besten Rotwein.

# *Nachspeise*

## Pumpernickelpreiselbeerquark

| | | |
|---|---|---|
| *500 g Quark 20 %* | *1 Becher Schmand* | *3 – 4 Scheiben zerbröseltes Pumpernickel* |
| *1 Becher Joghurt* | *1 Glas Preiselbeeren* | *ggf. Schokoladenstreusel* |

Quark mit Joghurt und Schmand glattrühren. (Nicht über die Kalorien nachdenken!)

Preiselbeeren im Glas glattrühren. Schichtweise erst Quark, dann Preiselberen, dann zerbröseltes Pumpernickel in eine Glasschüssel füllen.

Einen Tag vorher zubereiten und im Kühlschrank durchziehen lassen.

Je nach Vorliebe mit Schokoladenstreuseln bestreuen.

# Silvester

# Es ruhig angehen lassen

Früher habe ich gern bis spät in die Nacht Silvesterfeiern besucht. Heute bin ich eher dankbar, wenn ich früh ins Bett gehen darf. Oft erleben Michael und ich den „Countdown" bis zum Beginn des neuen Jahres gar nicht mehr, weil wir schon schlafen. Hin und wieder laden wir uns aber auch Freunde ein und singen zusammen.

Um Silvester herum gehen wir oft essen in eines der umliegenden Restaurants in der Uckermark. In dieser Zeit des Jahres sind sie fast menschenleer und wir sind meist die einzigen Gäste. Am ersten Tag des neuen Jahres besuchen wir den Neujahrgottesdienst unserer Gemeinde.

Auch in den Kindertagen der Großmutter meines Mannes ging es um den Altjahresabend herum in Kröchlendorff eher beschaulich zu.

Doch eine gute Prise Humor war am Silvesterabend auch mit dabei. Zum Neujahrsläuten in der Silvesternacht waren Groß und Klein noch wach und auf den Beinen und begaben sich nach draußen, um das neue Jahr zu begrüßen.

*Am Silvesterabend waren wir meistens unter uns. Gegen 22 Uhr brachte Boldt heiße Pfannkuchen und verneigte sich wie allabendlich mit einem gemurmelten „Gute Nacht!" Und unser Vater mischte den Punsch. Einmal hatten die Küchengeister als oberstes einen Pfannkuchen gelegt, der kleiner als alle anderen war. So meinte unser Vater großzügig: einer muß sich ja opfern, also nehme ich ihn und schob ihn unbesorgt in den Mund. Doch der öffnete sich schnell wieder, denn der Pfannkuchen war mit Senf statt mit Pflaumenmus gefüllt; und als sich unser Vater dann zum Trost den dicksten Berliner nahm, enthielt dieser wiederum Zeitungspapier! Ich sauste gleich herunter in die Küche, wo ebenfalls fröhlich gefeiert wurde, und berichtete, daß gerade der Hausherr beide Spaße hätte ausbaden müssen, was zu großem Gekreische führte! (…) Als zu Mitternacht und Jahreswechsel unsere Glocken läuteten, schossen hinterher die mittel- und ganz Erwachsenen mit Flinten noch mehrere Schüsse ab. (…) Gleich nach der Flintenschießerei gingen wir später schnell ins Weihnachtszimmer, um noch einen Teil von Beethovens neunter Symphonie im Rundfunk zu hören.*

*Am Neujahrstag war wie allsonntäglich um 10 Uhr Gottesdienst, von dem sich keiner ausschließen durfte. Und damit begann wieder ein neues Jahr, und danach kam wieder eines und alles bisher Geschilderte wiederholte sich in gleicher Reihenfolge.*

Katharina vor ihrem Hanomag

Katharina von Arnim

# Neujahrspunsch

| | |
|---|---|
| 1 l schwarzer starker Tee | 1 Stange Zimt |
| 100 g brauner Zucker | 2 Gewürznelken |
| 500 g Äpfel | 3 Korianderkörner |
| 1/2 Ananas | 3 Pimentkörner |
| 1 Limette | 250 ml Calvados |

Den fertig zubereiteten schwarzen Tee zusammen mit braunem Zucker, den in Scheiben geschnittenen Äpfeln, der in Stücken geschnittenen Ananas, dem Limettensaft, der Zimtstange, den Gewürznelken, Koriander- und Pimentkörnern aufkochen.

Zum Schluss den Calvados zufügen und alles durch ein Sieb seihen.

Heiß servieren.

## Ins neue Jahr starten

Ich nehme mir nicht die klassischen „guten Vorsätze" für das neue Jahr, sondern versuche, in jedem Jahr das umzusetzen, was mir wichtig geworden ist:

- lernen, besser zuzuhören, besonders meinem Mann

- möglichst wenig vor dem Fernseher sitzen

- versuchen, immer wieder aus meinem „Wohlfühlbereich" herauszukommen, und mich auf Neues, Unbekanntes einzulassen

- besser mit Jesus zusammenarbeiten und:

- nicht nur hören, was er sagt, sondern es auch tun

# Zum neuen Jahr

In Ihm sei's begonnen,
Der Monde und Sonnen
An blauen Gezelten
Des Himmels bewegt.
Du, Vater, du rate!
Lenke du und wende!
Herr, dir in die Hände
Sei Anfang und Ende,
sei alles gelegt!

*Eduard Mörike*

# Danksagung

Mein Dank gilt zuerst Gott.

Ein ganz riesiges Dankeschön möchte ich an

Gisela Gräfin v. Arnim
Wolf Dietloff v. Bernuth
Dagmar v. Ledebur
Daxi v. Bernuth
*(Kinder von Katharina v. Bernuth, geb. v. Arnim)*

richten für die Bereitschaft, mir Unterlagen zur Verfügung zu stellen für dieses Vorhaben, und die Erlaubnis, das Leben Eurer Mutter in dieses Buch einzuweben. Ich danke Euch von Herzen!!! Danke für Eure Hilfe, Mima und Wolf Dietloff.

Danke auch an Barbara von Oppen (Kröchlendorff) für DAS Fotoalbum!

Danke an Christian Heinritz für die fröhliche Zusammenarbeit beim Layout und an Kathrin Schultheis und Steffi Baltes für die fleißige, geduldige, freundliche und kreative Zusammenarbeit bezüglich des Textes.

Danke, danke, danke an Adelheid Christopeit, Elisabeth Eberle, Sabine Szybalski und Beatrice Kühnke (Uckermark), Claudia v. Boch für die großartige künstlerische Zusammenarbeit und Mithilfe. Auch Frank Preuß (Uckermark) besonderen Dank. Ein Dank durch den Wald an das Schloß Kröchlendorff und Familie Hauke von der Gärtnerei Hauke in Kröchlendorff.

Ganz besonders großen Dank an alle Mitarbeiterinnen für die Freistellung an Zeit, die ich für dieses Buch mal wieder gebraucht habe. Der Laden läuft auch ohne mich, dafür danke ich Euch allen von Herzen.

Vielen, vielen, vielen Dank besonders auch an Dich, Michael, für alle Geduld, Gespräche zu diesem Buch und Dein konstruktives Mitdenken und dass Du die Stärken stärkst!

Weitere Bücher von Daisy Gräfin von Arnim

Daisy Gräfin von Arnim
**Himmlische Köstlichkeiten**
ISBN 978-3-86827-196-6
144 Seiten, gebunden,
farbig illustriert

Daisy Gräfin von Arnim lädt Sie herzlich ein, sie auf einen Spaziergang durch das bunte Land des Apfels zu begleiten. Dieser ist ein wahres Fest für Leib und Seele, Geist und Sinne.

Kulinarische, geistliche, kulturgeschichtliche und historische Aspekte der Lieblingsfrucht der Deutschen wechseln sich ab mit vielen praktischen Ratschlägen zu Tischkultur, Dekoration und zwischenmenschlichen Verhaltensregeln.

Abgerundet wird dieser literarische Leckerbissen durch köstliche Rezepte aus der Delikatessenküche von Haus Lichtenhain und andere himmlische Köstlichkeiten.

Daisy Gräfin von Arnim
**Von Herzen, Ihre Daisy von Arnim**
ISBN 978-3-86827-343-4
96 Seiten, gebunden, farbig illustriert

Gedanken, Einsichten und persönliche Erfahrungen rund ums Thema Herz. Ob es Bibeltexte sind, die ihr wichtig sind, oder ihre Lieblingsgedichte oder Geschichten „mit Herz" – die Apfelgräfin erzählt davon, was ihr besonders „am Herzen liegt", führt uns zu verborgenen Kunstschätzen der Uckermark und gibt Tipps für kreative Rezepte.

Daisy Gräfin von Arnim mit Kathrin Schultheis
**Die Apfelgräfin**
ISBN 978-3-86827-151-5
144 Seiten, gebunden, sw-Fotos

Humorvoll, offenherzig und liebevoll erzählt Gräfin Arnim von ihrem Neuanfang in der Uckermark. 1995 zog sie mit ihrem Mann Michael nach Lichtenhain und baute sich dort ein neues Leben auf. Mittlerweile führt sie ein kleines Apfelunternehmen und beschäftigt mehrere Mitarbeiter. In teils amüsanten, teils nachdenklichen Anekdoten gewährt sie spannende Einblicke in ihren Alltag und ihre Biografie.